シリーズ 現代思想ガイドブック
Giorgio Agamben
アレックス・マリー
高桑和巳 訳
ジョルジョ・
アガンベン

青土社

ジョルジョ・アガンベン

Giorgio
Agamben

ジョルジョ・アガンベンは現代大陸哲学・批評理論における最重要人物の一人である。彼はまた、最も論議を呼んでいる人物の一人でもある。彼の著作によって論じられているトピックは幅広く、聖書本文批評からグアンタナモ湾キャンプ・デルタや「対テロ戦争」にまで及んでいる。

本書で、アレックス・マリーはアガンベンの鍵となる諸概念を説明している。説明されているものには以下が含まれている。

・初期から現在に至る著作群の概観
・アガンベンによる言語哲学・生の哲学に対する明瞭な分析
・倫理と「証言」に関する理論
・アガンベンの政治論と彼の美学・詩学との関係

この入門書では政治・言語・文学・美学・倫理のあいだの関係が探られている。近現代における政治的・文化的な形成物が複雑なものだということを理解しようと望む者にとって、本書を読むことは本質的である。

CONTENTS

もくじ

ジョルジョ・アガンベン

凡例

本書は以下の翻訳である。Alex Murray, *Giorgio Agamben* (London: Routledge, 2010).
もとより原文の意を汲む翻訳を心がけているが、引用・参照には以下の基準にしたがって手を入れている。

・オリジナルが英語でないものについては、可能なかぎりもとの言語（イタリア語、ドイツ語など）に立ち戻り、ふさわしい版（定評のある、新しい、入手しやすい等）によって指示する。なお、オリジナルが英語であるものについても、ばあいによってはふさわしい版と差し替えている。訳出はそれぞれの文献のもとの言語からおこなう（日本語訳が存在するばあいは相当箇所を指示するが、訳文は原則としてそのまま用いてはいない）。

・文献指示は本文中でおこなう。たとえば（A 1978 [2001], 149〔二四二〕）とあるばあい、「A」はアガンベンを示す。巻末付近の「読書案内」で文献が確認できる。「149」は原書二〇〇一年版によるページを指す。「二四二」は対応する日本語訳のページである。（Negri 2003, 13）とあるばあい、「Negri」の相当する文献については巻末付近の「引用文献」で確認できる。

謝辞——このような性質の本は個人的洞察によってではなく知的共同体によって生み出されたものである。アガンベン思想の一端を捉えるにあたって私は無数の人々の助力を仰いだ。本書に誤りが見あたるばあい、責任はすべて私にある。だが、本書がいささかなりと成功しているならば、その成功は以下の人々と共有されるべきである。ニック・ヘロン、ジャスティン・クレメンズ、タノス・ザルタルーディス、ロバート・イーグルストン、アリシア・ガリスン、ジェシカ・ワイト、ニック・ヴォーン゠ウィリアムズ、キャサリン・ミルズ、レジニア・ガニエ、ジェイスン・ホール、ケイト・ワイト、アルネ・デ・ブーヴェル、ウィリアム・ウォトキン、ジュリアン・ウルフリーズ。また、ポリー・ドドスン、エマ・ヌージェントをはじめとするラウトリッジ社のすべての人々にも感謝する。

WHY AGAMBEN?

なぜアガンベンなのか？

ジョルジョ・アガンベン（一九四二年―　）によれば、現代世界の特徴となっているのは古典的政治概念の衰退とスペクタクルの低俗文化である。また、私たちは人権なるものが「人間」概念を成り立たせていると信じているが、この人権が絶え間なく侵蝕されているということも現代世界の特徴だと彼は言う。このような批判はニヒリズムに充ちた冷笑者によるもの、歴史的な深みをもたないものと思われるかもしれないが、そうではない。それどころか、深みこそが彼の思想の特徴である。その思想は、まさにこの現代を考えぬくために必要な深みを提供してくれる。また、この世界を新たに想像することを重視するというのも彼の思想の特徴である。この意味で、この思想はあたうるかぎり最良の批評性を帯びている。彼の展開する現代批判はラディカルなまでに開かれたものとなっている。それは私たちの諸問題を過去と無関係な「新しい」ものとして受け容れてしまうことを拒否し、また現在をラディカルに改変することのできないものとして受け容れてしまうことを拒否する。

アガンベンの著作は膨大である。それは現代ヨーロッパ哲学、詩学、ホロコースト文学、聖書本文批評、映画研究、中世文学、法哲学——古代法哲学と近代法哲学——、言語哲学、イタリア政治・世界政治に関する註釈、友愛論、芸術・美学、哲学史といった多くの領域に関わっている。彼の著作には、断片形式を用いた思弁的批評もある。領野がこれほど広範囲にわたれば近寄りがたく見えても不思議ではない。だが本書が示すのは、彼の著作がばらばらではないもの、全体で一体をなすものだということである。彼の著作群は言語へのある関心を出発点としている。その関心がどのようなものかを理解すれば、私たちが批評家として、読者としておこなう実践も姿を一変させるだろう。とはいえ、すでに述べたとおり、彼の思想は容赦ないほどに現代性を帯びてもいる。そこで論じられているのが古代ギリシア哲学であろうと中世詩であろうと現代のスペクタクル社会であろうと、彼の著作はさまざまな権力装置を働かなくさせようとつねに努めている。それは「到来する共同体」のためである。その「到来する共同体」なるものは現在のものでもあり、それと同時におそらくはまだ実現されていないものでもある。

おおかたの人がアガンベンにたどりついたのは、「ホモ・サケル」(聖なる人間)論や生政治論を通じてのことだろう。これは何人かの註釈者から姦しい攻撃を受けた議論である。彼の著作はさまざまな相貌を示すが、なかでもこの側面は西洋の法・政治システムの本性に関わっている。この側面によって示唆されるのは、西洋の法・政治システムの核心には依然として制御や支配が存在しているということである。西洋の法・政治には「生政治」的機能があると彼は言うが、その「生政治」的機能なるものを示すために用いられている当の方法こそ、近年の哲学に対する彼の貢献のなかでも最もラディカルなものの一つである。このことについては第四章で詳説するが、ここでも概略を述べておこう。彼はゾーエー（生）とビオス（特定の形容が与えられている生）の分裂を、古代ギリシアにおける政治的なものの概念のなかにたどっている。政治と剝き出しの生のあいだの関係は問題をはらんでいるが、彼はその関係のありかたを、ゾーエーが政治的圏域から排除されていることとして同定している。彼は、剝き出しの生が政治的なものから包含的排除を被る様子を、また生の形式を政治化し制御することを主要機能とする政治システムのもとに生きるすべての人々の脆弱な様子を――アリストテレスや古代ギリシアから、ローマ法やイギリスの人身保護令状《ハベアス・コルプス》を経由し、ナチの強制収容所や現代の難民の苦境に至るまで――たどっている。アメリカ合衆国では二〇〇一年十月二十六日、テロリストであると容疑をかけられた者の法的身分を抹消する「愛国者法《パトリオット・アクト》」の法案が上院で可決された。これによってグアンタナモ湾にキャンプ・デルタという生政治的収容所が開かれ、国のセキュリティが危険にさらされていると見なされれば大統領がいつでも法の支配を宙吊りにできるという恒常的例外状態が導入された。このときアガンベンが論証したのは、このような出来事は西洋の法・政治システムの内的矛盾に結びついているということ、これはナチ政権下で一九三三年におこなわれた法の支配の宙吊りをはじめとするかつての「例外状態」を多くの点で反映するものになっているということだった。

しばしば、このような主張はもとの文脈から切り離されて扱われてきた。だが、この主張はアガンベンによる言語理解と首尾一貫したものである。これは、権力が言語のなかを経巡るところが実際に表に現れた一例として読める。権力が言語のなかを経巡るというこの考えかたからは次のような問いが生ずる。権力による操作に対立するように言語を用いるにはどうすればよいのか、という問いである。この問いに対する彼の回答は、権力言語の論理を粉砕し、その代わりに言語の「生起」を露呈させればよい、というものである。いかなるものであれ、「抵抗」行為は既存の制度の外からは生じない。それは現在の諸矛盾そのものの内に位置づけられるべきである。現代の言語は、「私たちの生きているこの民主主義 - スペクタクル社会の政治を定義づけている、ある肥大化の、また収奪の対象」(A 1996 a, 9–10〔六〕)という場に置かれてしまっているが、そのような場に対して挑むということが抵抗には含まれている。したがって、彼が提案するのは未来にとって処方箋となるような政治ではない。彼が提示するのは、現在における政治的「戦術」には差し迫った重要性があるということである。彼はあるインタヴューに応えて、カール・マルクスがアルノルト・ルーゲ宛ての手紙で述べた「私の生きているこの社会の絶望的状況は私を希望で充たしてくれる」という言明を追認している(A 1999, 10)。それは、システムや構造を停止させるやりかたを理解するためには、当のシステムや構造に備わっている危機や矛盾を理解しなければならない、ということである。

このプロセスは実際には表象や言語と結びついており、それはアガンベン思想において諸現象が複雑に配置されているところに見いだすことができる。そこに見られるのはまさしく、まちまちな形を取っている複数の思想間のつながりや通り道を照らし出してやるという能力、哲学的思考のもつ能力である。そこで彼の方法論的な取り組みによって可能になるのは、文化的生産（映画、文学）について、また政治的出来事（「対テロ戦争」、フランス革命）についての新たな理解である。その理解は、私たちの過去や現在における互いに異質な諸要素を結びつけている糸を捉えることで得られる。この方法論については本書を通じて何度も検討することにする。この方法論こそが、批判的な明敏さをもって過去と現在に同時に目をやる見かたをもたらすことができる。

二人のアガンベン？

このように、アガンベンの著作は現代に対して批判的なものとなっている。だが、その批判は「到来する共同体」をはっきりと目指してもいる。この二要素——批判的な問いただしをおこなっているということと、ラディカルなまでに開かれているということ——については最近、彼のほぼ同時代人にあたるイタリアの政治哲学者アントニオ・ネグリ（一九三三年—　）が粗述した。一方では、アガンベン思想は「否定的批評」を特徴としているという。ネグリによれば、第二次世界大戦後の全思想がこの「否定的批評」によって定義づけられてきた。ヨーロッパ的伝統に属するすべての批判的思想家は——第二次世界大戦後に——、全体化的思考のもつ「弁証法的」形式から逃れようと企てた。その

「弁証法的」形式は、マルクス主義をはじめとする多くの哲学システムの特徴となってきたものである。ホロコーストの恐怖が経験された後、近代を駆動させてきた進歩と発展の説話への信頼が失われた後にあって、この拒絶は必然的だった。このような拒絶は、権力や支配の濫用を帰結してしまう思想のシステムや構造を脱構築しようとする企てを特徴としている。そのような拒絶によって特徴づけられるアガンベンが一方にいるが、他方にはそのような支配形式を解消するという、言語のラディカルな潜在力に関心を寄せるアガンベンがいる。支配形式を解消するというのは、さまざまな形の言語分析を支配解体にあたっての鍵と見なす、抵抗の能動的モデルである。ネグリは次のように言っている。「じつのところ、二人のアガンベンがいる。その一人は実存的な、運命的な、怖ろしい背景に長広舌をふるい、死の理念との絶えざる葛藤を余儀なくされている。もう一人は文献学研究や言語学的分析に没頭することで生政治的地平を征服して（パズルのピースをはめ、地平を操作・構成して）いる」(Negri 2003, 13)。どのようにして両者は協働しているのか——いや、それは本当に二つなのか？広範な批評の企てについて考えるにあたって、本書ではこの二本の糸が一本に結びつきうるという可能性をあらわにしようとするが、この問いは本書を通じてつねに最前面に置かれることになる。第一章では、アガンベンによる言語論を、マルティン・ハイデガーとの取り組みを通じて得られた「否定的」基礎づけの代表例として提示する。第二章および第三章では、アガンベンのより「生産的」な諸契機について見る。その諸契機とは、弁証法や二項対立といった概念そのものを中断することで、無為、潜勢力、到来する共同体を導入する諸契機のことである。本書冒頭に置かれるこの数章は、彼の思想の「構造」を読者に対して概略的に示そうとするものである。これによって読者は、ハイデガーやヴァルター・ベンヤミンの著作といった哲学的出発点をアガンベンがどのように用いているかを捉えることができる。これによって読者はまた、それ以降の章で検討されるさまざまな領域——政治、文学、芸術・映画、倫理——にも取り組めるようになるだろう。ちなみに、ハイデガーとベンヤミンのそれぞれがこの「二人のアガンベン」の典拠になっているように見えるということがあるかもしれない。前者が否定的なアガンベン、後者が肯定的なアガンベンというわけである。だが、本書を通じて見るとおり、ネグリの定立しているような二つの弁証法的対立物が本当に対立しあっているというわけではない。ベンヤミンはハイデガーの否定ないし解毒剤として発見されたという、外典に由来するような情報にもとづいた指摘がなされたこともあるが（de la Durantaye 2000, 8）、そうではない。アガンベン思想が展開されているのはベンヤミンとハイデガーのあいだである。ハイデガーとベンヤミンのあいだにあるのが偽の対立だということは、ネグリのおこなう弁証法的分析に対しても示唆的であるにちがいない。本書の記述が進むにつれて、この「二つ」が単なる見かけ上のものだということははっきりするにちがいない。アガンベンの著作群は一体として考える必要がある。一体となっているその著作群においては、窮極的にはいかなる批評的契機も、到来する共同体のラディカルな潜勢力に結びつけられるべきものである。

言語に関する問い

アガンベン思想が一体をなしているということを捉えるには、その思想の基礎となっている前提を検討するのがよい。その前提とは、人間が言語「能力」によって定義される――そして、たえず再定義される――ということである。彼が（「言語は存在の家である」とするハイデガーのような思想家に頼りつつ）考えるところによれば、私たちが誰であり何であるのかを理解するうえで決定的に重要なのは、人間は言語をもっているという単なる事実だとされる。だが、言語とは何か？ それはどのように働くのか？ 人間が言語をもっているとして、当の人間はそれをどのように経験するのか？ 私たちと言語の関係とはどのようなものか？ 私たちは言語に先立つような経験ができるのか？ そのような経験ができるとして、それは言語によって表現されるのとは違うありかたで表現されうるのか？ 言語と、たとえばイメージとの関係はどのようなものか？ 言語に関するアガンベンの考察を、次のような三つの部分に分けるのは役に立つかもしれない。この三つの部分は互いにつながっているが、はっきりと分かれてもいる。

一 言語は本質的なありかたで存在とつながっているようである。したがって、それは哲学の対象である。この哲学的事象は言語の「本質」という概念に関わっている。それはまた、私たちが世界のなかに存在するということを言語がどのように構成しているかということにも関わっている。

二　言語は権力をもつ者たちによって操作されている。したがって、それは政治の対象である。正確に言えば、言語使用という形式の外には政治はない。ここでアガンベンが探るのは、統治と法が自らの権力を作り出し補強するためにどのように言語を使用・操作するのかということ、また、表象と言語使用がどのようにしてそのような権力に対して挑む手段たりうるのかということである。

三　言語は創造的表現の媒体である。したがって、それは文学の対象である。詩や散文における言語の使用と展開は、私たちの言語経験のありかたを分節化しなおすことを構成する。

したがって、存在論と政治と文学、そしてその三者間の関係がそれぞれ、アガンベンの著作の決定的なトピックとなる。

この一覧を見れば、言語哲学が他の領域に手を延ばす様子について概略を得ることができるだろう。また、この三領域――哲学、政治／法、文学――の関係は、三者間の伝統的境界を突き崩す役にも立つ。アガンベンにおいて立ち現れてくるのは、ある「詩学」へと向かう動きである。その「詩学」とは、この三領域の所与となってきた諸制約には結びつけられていない思考形式のこと、思考の罠を越えて動いて行く思考形式のことである。「学際的」研究を特徴とする知的環境、伝統的な複数の知の圏域の境界がますます流動的になっていくことを特徴とする知的環境において、互いに異なる諸領域を結びつけようとする者たちにとって、彼の著作は強力な資源となっている。

だが、本書を読み進めれば次のことが明らかになるだろう。すなわち、互いに異なる知の形式が結びつけられるからといって、それによってアカデミズムにおける実利的実践が導かれることはほとんどないということである。アガンベンは、とくに政治哲学の研究者からの激しい批判にさらされてきた。彼は、ふだんは批評的実践が見られない専門分野のなかに批評的実践を導入したといって批判された。たとえば、濃厚な政治哲学論を展開しているさなかに、論議への介入をもたらすべく彼はしばしば文学テクストへと向かう。このように分野から分野へと跳びまわることを、自分の研究はまさに言語哲学をめぐる確固たる基礎をもっているということで、彼は多くの意味で「正当化」することはできる。たとえば彼は——言語哲学に基礎を置いていることによって——さまざまな専門分野間の境界を霞《かす》ませる次のような言明をおこなっている。「問題は、詩が政治と関わりがあるかないかというよりも、政治が依然として詩との原初的結束の高みにあるかどうかである」(A 1978 [2001], 149〔二四二〕)。だが、すでに指摘したとおり、このような命題が機能する場は彼自身の著作中にこそ見いだされる。さまざまな論議に介入すべく、また哲学とは何かということに関する支配的理解を彩っている批評の前提を不安定にすべく、文学の形象や芸術の例が用いられる当の著作中にである。この実践は批評家たちの憤激を惹き起こしてきた。「政治」や「社会的現実」は「文学」と同じ平面に位置づけてはならないというのが彼らの議論である(Ross 2008, 11)。このような誤解はしばしば、アガンベンの著作が正統的な書きかたをされていないというところに由来する。彼の書きかたは伝統的な「哲学」の書きかたではない（哲学が、世界のなかにある存在に関する言明の真理を求めるものだとすれば、そうである）。だが、それよりも重要なのは、彼の理論的計画はいかなる種類のアカデミズムに従うことをも拒否しているということである。その計画は、現代の「知的」文化を特徴づけている雑誌やモノグラフを超えて批評的思考の潜勢力を拡張していくプロジェクトなのである。

表象可能性

アガンベンの著作のかなりの部分で注意が払われているものに表象可能性がある。彼の著作に対するありふれた誤読もこの部分に関わっている。彼の著作は、たとえば「潜勢力」の本性というような概念を、諸テクストの構造や「構成」、表象のされかたを通じて示そうと企て、表象論を展開しようと企てる。この表象形式を彼は「批評」と規定している。では、「批評」は何を成し遂げるのか？批評とは複雑な概念だが、簡単に言えば、それは何らかの提示形式を通じてテーゼを検討・遂行しようと企てることに関わる書きもの《エクリチュール》のスタイルのことである。哲学の形式には三段論法や論理的命題といった形式によって進行するものもありうるが、アガンベンの著作はしばしば回り道をする断片的なものになっている。本書はなるほど、彼の著作の鍵となる概念や事象を粗述する概念地図として読まれるべきものではある。だが、それらの概念も、もともとはテクスト自体の提示方法のなかで働いているものと見なされなければならない。

この提示方法はアガンベンの読解モデルに見合うものである。その読解モデルとは、複数の専門分野やメディアを横切ってテクストを探査・発掘し、諸断片のなかに何らかの哲学形式を見いだすというプロセスのことである。彼は次のように述べている。「哲学には特有性も固有の領土もない。哲学は文学のなか、芸術のなか、科学のなか、神学その他何であれあらゆるもののなかにある。それは、展開可能性を含んでいる当の要素である。ある意味では、哲学はあらゆる領土に撒き散らされている。それはつねにディアスポラであって、思い返され寄せ集められることを必要としている」（A 2002b）。そこで彼は、哲学的「モザイク」を作り出すべく、さまざまな思想家、芸術家、文筆家の糸を寄せ集める。このモザイクの基礎は言語哲学の内にあるが、その「哲学」は至るところに見いだされる。以下に続く各章では、鍵となる何人かの文筆家を紹介する。彼が自分の星座を描き出すもととなったマルティン・ハイデガー（一八八九—一九七六年）、ヴァルター・ベンヤミン（一八九二—一九四〇年）、ミシェル・フーコー（一九二六—一九八四年）、アビ・ヴァールブルク（一八六六—一九二九年）、フランツ・カフカ（一八八三—一九二四年）である。アガンベンの典拠は彼らにとどまらないが、鍵となるこれらの人物を参照すれば、読者は彼自身がどのようにものを読んでいるか、どのように他の人々の著作を用いているかについて概略をつかむことができるだろう。

哲学があらゆる領土に「撒き散らされている」と見なすことは重要だが、その重要性は、ただアガンベンの著作のなかにあるだけではなく、「思い返す」こと、「寄せ集める」ことというプロセスのなかにこそある。このプロセスは、現在における政治的・社会的な制御が示す覇権的諸形式を不安定にすべく働くプロセスである。現在のさまざまな抑圧形式・暴力形式に関するこの系譜学は、過去に「回帰」すべく遂行されるのではない。この系譜学は、現在の諸構造の特徴をもともとの地点にまでたどり、それによって当の諸構造を働かなくさせるべく遂行される。現在が落とす影を過去のなかにたどることで、現在の「暗さ」を働かなくさせるべく遂行されるのである。古代ギリシアにおいてであれ初期近代においてであれ、分析対象が哲学論文であれ政治学の小論文であれ詩であれ、このプロセスは彼が「到来する共同体」と呼ぶ当のものの名において遂行される。この到来する共同体を実現することこそ、彼の思想が私たちに提示している挑発である。これは軽々しく受け取るべきでない挑発である。

KEY IDEAS

鍵となる概念

第一章　言語と存在の否定性

本書がアガンベンの著作についてただ一つの主張を提示すべく書かれるものだとすれば、その主張は、彼の思想では言語哲学が中心を占めている、となるだろう。彼が政治や倫理、さらには映画をどのように理解しているかを把握したければ、その思想がハイデガー哲学、文献学、言語学に対して彼の抱いている関心から生じているということを押さえておく必要がある。本章では中心的な諸テクストを読んでいくことにする。私たちはその読解によって、彼が人間・言語・思考の関係を概念化するためにどのように声や指呼詞や存在論といった鍵となるカテゴリーを用いているかを理解することを目指す。そこで私たちが目にするのは、彼が導入している哲学的基礎づけは複雑ではあるが首尾一貫したものとなっているということである。その哲学的基礎づけの導入にあたって、彼は人間を言語の座として据えている。彼はまた、存在の否定的基礎づけを言語能力そのものと結びつけている。この首尾一貫した哲学的基礎づけがあってこそ、私たちは彼の著作を読みはじめることができる。その著作において、否定性の産出は原初的分割に結びつけられている。私たちはその原初的分割を働かなくさせるために、当の分割を検討しなければならない。

アガンベンと出発点としてのハイデガー

本書の序で指摘したとおり、アガンベンはドイツの現象学者マルティン・ハイデガーと非常に近い関係にある。アガンベンは、プロヴァンスのル・トールでおこなわれたハイデガーのセミナーに一九六六年と一九六八年に出席しているし、『スタンツェ』はハイデガーの思い出に捧げられている。このような個人的なつながりを措いても、アガンベンの著作にはハイデガー思想の痕跡が繰り返し登場している。ハイデガー哲学は存在の本質への関心をめぐって基礎づけられている。これは存在論として知られる哲学分野である。他の哲学であれば、「最良の生きかたは何か?」「人間の幸福とは何か?」「私たちはどのようにして知に達するのか?」といった問いを立てるだろう。十九世紀ドイツの哲学サークルはこのような問いによって支配されていた。だがハイデガーによれば、そのような問いは思考の本質に関して能動的に考えることに失敗しているという。その思考の本質とは、存在とは何かという問いのことである。存在とは思考の理念を指す。それは、哲学によって探し求められるけれども稀にしか捉えられない、思考の明瞭かつ純粋な条件のことである。ハイデガーは、この存在なるものを人間ないし「現存在（Dasein）」のおこなう活動と見なした。現存在とは、存在概念を照らし出そうと企てる者のことである。「私たち自身がそのつど当のものであるところの存在者、とりわけ、問うという存在可能性をもっている存在者、これを私たちは用語法上、現存在と呼ぶ」（Heidegger 1977, 10〔九四〕）。

ハイデガーの著作で用いられている批評の語彙は耳慣れないものだが、それでも私たちはハイデガー思想の要素のなかでアガンベンにとって重要なものをいくつか同定することはできる。第一に、ハイデガーが関心を寄せているのは思考と存在の基礎づけである。アガンベンもハイデガーと同じく、哲学の立てる最も根本的なこれらの問いから問いはじめている。アガンベンの著作全体が、これらの問いと取り組む彼自身のプロセスをたどるものになっている。第二に、ハイデガーは存在を隠れた状態にあるものと見なしている。哲学は、自らの思考の基礎づけを首尾一貫して問いただすことで、存在のこの隠れた状態を探らなければならないとされる。アガンベンもまた、哲学をこのプロセスの一部と見なしている。彼の思想は、言語を問うことを通じて存在の隠れた状態を探ろうとするものになっている。第三に、ハイデガーは人間を、いずれ死ぬものである、言語能力をもっている、という二特徴をもつ動物として概念化している。この根本的洞察はアガンベンにとって鍵となるものであって、これは彼の重要な研究『言語と死』にとって考察の焦点になっている。第四に、ハイデガーは言語を「独り言」と見なしている。「それは一人寂しく自分と語っている」（Heidegger 1985 b, 229〔二九五〕）。また、言語は言語自体を除けば何も参照対象としない。ハイデガーはこのことについて、一見すると同語反復にも見える言いまわしで、次のように述べている。「言語とは、すなわち言語である。言語は語る」（Heidegger 1985 a, 11〔六〕）。だが、言語はある空間において、その空間を通じて語るのでなければならない。「人間」というのがその空間である（ただし、ハイデガーにとってこのカテゴリーが意味するところは両義的なままではある）。したがって、私たちは言語の経験を経験するが、にもかかわらず言語の経験から根本的に取り除かれてしまってもいる。この逆説――言語は言語自体に対して、言語について語るが、人間を通じて語るのでもあるということ――は、アガンベンとハイデガーのあいだにある最重要の相互関係かもしれない。二人がともに、哲学は「言語への道」であり、「人間の存在の居所」へと導きうる「小道」（Heidegger 1985 a, 11〔六〕）だと見なしているということも重要である。このことを理解するには、言語の抽象的構造を捉えるだけでは充分ではない。それは思考において捉えられるのでなければならない。言語に関するアガンベンとハイデガーの考察のあいだには明確な相互関係があるが、そこには多くの違いもある。以下ではそのいくつかを扱うが、とりあえずは、言語はそれ自体に対してそれ自体について語るが、それは人間を通じて語る、というこの考えかたをアガンベン思想にとっての出発点とすることができるだろう。

人間と言語の関係というこの概念を明らかにするために、アガンベンの「言語の経験」と題された論考に当たることにしよう。彼は、短いが重要なこの論考で、他の論考で立てていた問い、自分の探究を導いている問いを引用している。

> ジイジイというのがセミの声であり、イーアンというのがロバの声であるような、人間の声というものは存在するのか？　存在するならば、言語がその声なのか？　声と言語の関係、ポーネーとロゴスの関係はどのようなものか？　人間の声といったものが存在しないならば、どのような意味において、人間は言語をもつ生きものとしてなおも定義されうるのか？　私たちが定式化したこれらの問いは、ある哲学的な問いただしを画定するものである。　（A 1978 [2001], 7–8〔一二〕）

人間と言語の関係をめぐるハイデガーの問いと、アガンベンが声に対して示している関心との結びつきを、私たちはただちに見て取ることができるはずである。ロバやセミは抽象的言語をもっていないが、それによって自分の「声」もしくは直接的伝達手段をもっているように思える。それに対して、人間は言語を使えるだけだが、その言語は非自然的なもの、学習されるものである。したがって、言語は私たちには属していない。私たちは言語を「所有」することはできないが、首尾一貫して、つねに用いることができる。このことが、実存の中心に奇妙な「否定性」を生み出す。これは根本的否定性である。自分がもっているとともにもっていない当のものによって人間が定義づけられているということから、人間の実存の全局面が生じているからである。言語の否定性は言語と声のあいだで分節化がなされることから生じてくる逆説だが、この言語の否定性こそがアガンベンの著作群を統《す》べている。彼が探ろうとしているのは、どのようにして私たちはその否定性をもつに至るのか、その否定性を乗り越える可能性ははたしてあるのか、ということである。

『言語と死』を読む

アガンベンがこの否定性を最も丁寧に分析しているのは『言語と死』である。本節は長大で、いささか記述が濃厚かもしれない。だが、彼の著作群を一体として読みたければ、そしてまた、より広範囲にわたる彼の諸概念がどのように生じているかを理解したければ、本節をお読みいただくのも無駄ではないだろう。『言語と死』の冒頭には、人間を言語能力をもつもの、かついずれ死ぬものとして同定しているハイデガーからの引用が置かれている。ハイデガーの主張によれば、「死と言語の本質的関係は閃《ひらめ》き出てはいるが、まだ思考されていないままである」(A 1982 [2008], 3〔九〕; Heidegger 1985 c, 203〔二六二〕)。アガンベンはこの視点から、主にハイデガー、そしてドイツの大哲学者G・W・F・ヘーゲル(一七七〇―一八三一年)の二人を通じて西洋哲学史を読解することに取りかかる。アガンベンによれば、人間はいずれ死ぬものであるとともに言語を所有するものでもあるとする考えかたは、形而上学の根本的否定性なるものと関係している。形而上学という哲学分野の主張によれば、世界が単にどのように存在しているかに関する理念のすべてを超越するような、現実に関する諸原則が必要である。形而上学によって提供される「第一の諸原則」があってはじめて、人は存在の本性について考えはじめることができるというのである。形而上学がしばしば示唆するところによれば、人間と世界のあいだの関係には何か不在のものが、空隙がある。アガンベンによれば、これが否定性の「場」

である。そのような形而上学は否定的空間が作り出されることを必要としており、さらにはハイデガーやヘーゲルによる形而上学批判さえもがこの空間が作り出されることを必要としている、というのがアガンベンの主張である。その否定的空間において世界の根拠が基礎づけられるというのである。

この否定的空間は、ヘーゲルの著作では「これ」という用語において開始され、ハイデガーの著作では「そこ」という用語において開始される。ハイデガーは大作『存在と時間』で、思考する存在の形象である現存在は自らの「そこ」を引き連れているのでなければならない、と断言している。現存在が存在しうるのはただ、自らの「そこ」をもっているからに他ならない。このことは「現存在（Dasein）」という名に含まれている。アガンベンはこれを「そこ存在《であること》（essere-il-ci）」と翻訳している。これによって示唆されているのは、「Da（そこ）」こそが人間を「Sein（存在）」から取り除く当のものだということである。私たちはつねに「存在（Sein）」の覆いを取り去ろうと企てているが、できずにいる。それは私たちが何らかの場を占めているからである（「そこ」が名指すのは、私たちが存在するもととなっている場ないし空間である）。アガンベンが述べているとおり、「「Da（そこ）」というこの小さな単語には、何か、ものを無化するところ、自らの「Da（そこ）」たらねばならない存在者——人間——に否定性を導入するところがある」（A 1982 [2008], 11〔二五〕）。そこで、人間は否定性の場自体になり、「Sein（存在）」に到達できないことを余儀なくされる。人間は否定的な場からしか語ることができないからである。

アガンベンによると、ヘーゲルにおける「これ」もまた、思考の出発点となる否定的な場である。アガンベンは独特なヘーゲル解釈を提示しているが、その解釈は二十六歳のヘーゲルによって書かれた不明瞭な詩から始まっている。その詩は古典古代ギリシアでおこなわれていたエレウシスの秘儀に関するものだが、そこでは人間は「天使たちの言語」を観想することしかできないと言われている。それは「単語の貧しさ」を経験するからだ、というのである。この逆説によって示唆されているのは、私たちは単語が本質的なしかたで失敗しているということを認めることによってのみ言語の本質の理解に達しうるということである。言語は、ある種の声に対する貧しい代替物である。このただならぬ出発点からアガンベンは先へと進み、ヘーゲルの哲学的探究『精神現象学』は否定的命題ないし否定的空間から始まっていると指摘する。この否定的命題ないし否定的空間を、アガンベンは「これ」という用語に見いだしている。ヘーゲルは『精神現象学』において、意識、自己意識、理性、精神、宗教といった、世界を意味づけるさまざまな哲学的概念を経由し、絶対知という最終的概念に到達する。だが、彼のシステムにはそれ以前のすべてのシステムが含まれていなければならない。というのも、彼自身の企てが「知とは何かということに対する精神の洞察を理解する」というものである以上は、それはそれ以前の他のすべての思想形式を総合するものと見なされなければならないからである。そこでアガンベンは、ヘーゲルにおける否定的なものを見るにあたっての出発点として、世界を知る最初の形式を取りあげる。感覚的確信というのがそれである。

ヘーゲルによれば、感覚的確信は世界を意味づける最も基本的な、最も洗練されていない手段である。感覚的確信とはその名の示唆するとおり、私たちは世界の直接的な感覚的印象が真のものだ、正確なものだと確信を抱くことができる、とするものである。ある一つの対象を例に取ってみよう。感覚的確信は、「これ」（私の見ている、感じている、聞いているなどの特定の対象）が私の印象によって全体的に捉えられていると示唆するだろう。したがって、感覚的確信は最も具体的な、最も頼りになる知の形式であるように見える。だが、ヘーゲルがそれに続けて論証するところによれば、私たちにできるのはその対象について語ることだけ、自分の感覚的確信を抽象を通じて捉えることだけである。その抽象とはつまり、言語のことである。「この「これ」とは何か？」と問うことで、私たちはすでに対象を失ってしまう。私たちは当の対象についてではなく、その代わりに言語だけについて語ってしまっている。私たちは感覚的確信を表現することはできない。なぜならば、言語は私たちの言わんとするところを表現しないことによって普遍的性質（否定的なもの）を捉えているからである。本質的に言って、言語は意識に属する。したがって、言語は言語自体について語る。だが、その自体なるものを意味のなかに位置づけることはできない。ヘーゲルが指摘しているとおり、「言わんとされている感覚的なこれなるものは［……］言語には到達できないものである」（A 1982 [2008], 20〔四一〕; Hegel 1970, 91–92〔一三七〕）。このことが意味するのは、言語は「言いえないものを語ることで、つまり言いえないものを否定性において捉えることで、言いえないものを守っている」（A 1982 [2008], 21〔四三〕）ということである。否定性がこれという用語において生起するということは、アガンベンにとっては何よりも重要であるように思われる。

このように、ハイデガーにおける「そこ」、ヘーゲルにおける「これ」という用語において、言語に対する否定的背景が生起する。では、なぜこのことが重要なのか？　この問いに対する回答は、指呼詞という言語学上のカテゴリーと関係している。指呼詞はアガンベンの言語哲学において鍵となる用語である。指呼詞とは、「私」「きみ」「彼」「彼女」「そこ」「これ」など、私たちが日常会話で用いている一連の代名詞のことである。これらの単語は、ある物事を指し示したり、ある物事に関係づけられたりしてはじめて意味をもつ。「これ」という単語を例に取ろう。私がとくに何もこの単語に関係づけないのであれば、この単語は無意味である。私が「このリンゴ」と言うにあたって、それを特定の対象に関係づけたり、それによって特定の対象を指示したりしないのであれば、私は空虚な単語を発していることになる。それに、「私」と言う、とはどのような意味なのか？　この「私」という代名詞はアガンベンにとって最重要のものである。というのも、言語が生起しているという他ならぬ当のことを表すというのがこの代名詞の機能だからである。彼はここで「私」の機能を説明するために、フランスの言語学者エミール・バンヴェニスト（一九〇二―一九七六年）を援用している。バンヴェニストは次のように問うている。「では、「私」や「きみ」の参照対象となる「現実」とはどのようなものなのか？　それはただ、非常に特異な「言説《ディスクール》の現実」なるものに他ならない。「私」は「話すこと」によってのみ定義されうるのであって、対象によって定義されるのではない［……］。「私」は「当の「私」を含む言説《ディスクール》の現在の審級を言表する人称」を意味する」（A 1982 [2008], 33〔六五〕; Benveniste 1966, 252〔二三五〕）。したがって、「私」はただ語ることにおいてのみ、言語においてのみ意味をもつ。

しかも、それが指し示すのは言語が生起しているという単なる事実、言語の「出来事」以上の何ものでもない。一人称代名詞の本性が二十世紀文学においてかくも問題をはらむものとなったのはそのためである。私たちはここでサミュエル・ベケットのことを考えてもよいだろう。晩年のベケットの作品では、「私」という代名詞が非常に問題をはらむものとなった。言語が生起しているということ以上の何も含むことができないというその空虚さ、無力さによって、「私」は無意味なものとして、死の指標としてしるしづけられる。晩年のベケットの散文作品『伴侶』は、空虚な位置づけ以外の何も表象しない「私」のもつ不可能性をよく示している。「二人称を使うことは声のしるしとなり、三人称を使うことは潰瘍のようなあの他者のしるしとなる。仮に彼が、声の語りかける当の者、声の語る話題の者に向けて、その者について語りかけることができるのであれば、一つの一人称があることになろう。だが、彼にはできない。彼はしないだろう。おまえにはできない。おまえはしないだろう」(Beckett 1980, 9〔九―一〇〕)。断片化されたベケットの散文に私たちが見て取るのは、これらのシフター〔指呼詞とほぼ同義〕からは逃れられないということ、しかしまたこれらのシフターが窮極的には空虚だということである。ベケットは、伝達できないという言語の無能さそのものを伝達し、言語に内属している否定性を立ち現れさせることで、これらの代名詞を言語として提示している。

声

シフターというこのカテゴリーは否定性に関する諸概念とどのように関係するのか？　またこのカテゴリーは、人間は声をもつのかというアガンベンの問いとどのように関係するのか？　シフターは、言語が「生起」しているということ自体を参照対象とするものであって、声と複雑な関係をもっている。アガンベンによれば、声という概念は単に音として理解されるべきものではない。仮に、あらゆる音の意味を理解できてしまうのであれば、私たちはけっして言語を獲得しなかっただろう。だが、そうではない以上、私たちはつねに音を意味に変換しようとする。それは、耳に聞こえる音素を捉え、それをシニフィアン（単語）とし、そこから意味を引き出すということである。彼によれば、声とは、意味を展開させ言語を意味あるものとするにあたって取り除かれなければならない当のもののことである。このプロセスは私たちからすべての声を取り除き、言語の中心、語ることの中心に本質的空隙を作り出す。彼は、言語が生起しているということの内に体現されるこのプロセスを〈声〉と呼ぶ（私たちの到達しえないほうの声と区別するために、こちらは山括弧でくくっておく）。この〈声〉はもはや声ではないが、正確に言えば意味でもない。それは単なる言語行為であって、彼によればこれこそが存在と時間の基礎になるものである。存在（ハイデガーによって区別された意味での存在）をもつためには、私たちはある意識形式をもたなければならない。それは、現在という感覚をもつ瞬間にのみ存在する意識形式である（私たちは自分について考えるとき、時間のなかに置かれたものとして考える）。アガンベンによれば、〈声〉は言語がいま生起しているということを意味することによって、私たちに存在と時間の二つをともにもたらす。〈声〉は時間を作り出し、存在の意識を分節化する。つまり、「言語が生起しているという当のことを捉えることを可能にしてくれる窮極のシフターとしての〈声〉は、あらゆる存在‐論の休らう否定的基礎として、あらゆる否定の支えとなる原初的否定性として現れる」（A 1982 [2008], 50〔九六〕）。〈声〉というこの形象には、彼の哲学的視点の枢要を見て取ることができる。存在に関する探究は意味を――言語との関係を通じて――構築する形式と言ってもよいが、そのような探究はすべて、ある逃れようのない否定性の上に基礎づけられている。

否定的なものをハイデガーとヘーゲルにおいて基礎づけ、それから〈声〉というカテゴリーを導入したアガンベンは、次いで「原初的な否定的分節化」（A 1982 [2008], 51〔九七〕）としての〈声〉をこの二人の思想家において探る。ここでその分析を細かく検討することはできないが、その論証はおおよそ次のようなものである。ヘーゲルにおいては、声は絶対者の内に宿っているが、ひとたび語られれば「消滅」してしまう。ハイデガーにおいては、言語と「Stimme（声）」の分裂は、自分には真の声がないと気づいた現存在が直面する不安の「Stimmung（気分）」の内に反響する。アガンベンによれば、その結果としてまた別の〈声〉、沈黙においてのみ生起する〈声〉が生ずる。これが、思考における言語の場に関する彼の解釈の地平であるように思われる。つまり、言語は私たちのもっていたとおぼしい直接的な声のすべてを覆い隠して取り除き、その代わりに別の〈声〉を置くが、その〈声〉によって伝達されうるのは沈黙だけだということである。彼は、ここで伝達されるものを――ハイデガーの用語を用いて――「黙理（Sigetik）」と呼んでいる。これは思考と存在の中心にある根本的な、逃れようもなさそうな否定性だが、アガンベンはこの否定性を描き出した後で十二世紀のプロヴァンス詩へと向かう。「言いえない基礎づけに依らない、言語のまた別の経験」（A 1982 [2008], 82〔一五四〕）をそこであらわにできるかを問おうというのである。しかし、なぜプロヴァンス詩人なのか？　本書の序で指摘しておいたとおり、アガンベンの著作は語源や中世・古典テクストを探ることを特徴としている。現在の諸問題を再構築・説明する手段を、不明瞭な過去の作品のなかに見いだそうというのである。プロヴァンス詩人はここで、詩がまだトピカに関わっていたときに最先端の文筆活動をしていた者たちとして提示されている。トピカとは弁論術の実践のことである。詩はかつて弁論術の「トポス」を用い、言語を所与のものと見なして構築されていたが、より近代的な詩概念は、生きられた現実を表現するものとして提示されている。彼は二篇の詩を検討し、そこで詩がいかに「自らの言葉の原初的出来事を無として」（A 1982 [2008], 93〔一七三〕）経験しているかを示している。その二篇の詩の分析は複雑であり、彼の著作における精読の重要性をよく示しているが、ここでその分析を要約することは本章のねらいを超えてしまう。彼の探究によって示唆されているのはもちろん、詩が哲学と同じく、言語の場を他ならぬ否定性として概念化しようと苦闘しているということである。

ここで、アガンベンにとって詩と哲学にどのような関係があるかについて、短い覚え書きを記しておくのも無駄ではないだろう。本書ではこの関係に繰り返し立ち戻ることになる。というのもこの関係は、自分の批評実践を彼がどのように概念化しているかを理解するにあたって、つねに重要なものだからである。新たなエートスないし住み処を見つけよ、というアガンベンから人間への呼びかけは、『言語と死』においては哲学と詩という二言説のあいだのどこかに探し求めるべきかもしれない。「もしかすると、あるとき、哲学の純粋な散文が詩の言葉のなす詩節を粉砕しようと介入し、詩のなす詩節のほうも哲学の散文を環へと丸めようと介入するのであれば、そのときの言葉こそ真に人間的な言葉なのかもしれない」（A 1982 [2008], 98〔一八三〕）。謎めかされているこの描写は、存在の中心に否定性があることをあらわにしたうえでその代わりになるものを指し示そうとする、彼の一連の身振りの一つである。序でも示したことであり、本書を通じて繰り返し見ることにもしていることだが、自分の立てる問題に対して彼が提示する「解決」は、故意に処方箋的ではないものになっている。詩と哲学という二つの実践の区別が崩れ去るという彼の暗示は、ここでは、結論部における詩への回帰と対になっている。

『言語と死』の最後から二番めの節では、私たちの文化全体の神秘的な基礎づけを「清算」しはじめることこそが、形而上学の「地平」を超えた先で思考する一つのやりかただと指摘されている。この神秘的な基礎づけについてはインファンティア論をめぐって後述するが、その神秘的な基礎づけに関する問題とは要するに、その基礎づけが存在の中心に否定的形式（沈黙）を位置づけるということである。アガンベンによれば、私たちは声の発するもととなっている点に向かって、つまり言語の諸起源に向かってつねに回帰しようとしている。だが、ここで言われる「回帰」とは、もとに戻ろうというノスタルジアに充ちた企てではけっしてないし、不可能な回帰を定立して、それを必然的なものとし続けるということでもない。彼は否定的な基礎づけが起こっただろう点へと入りこみ、それによって、現在にとって基礎づけとなってしまっている空隙そのものをないものとしようとする。ここでの「回帰」とは、過去への時間的回帰を含まないような回帰である。それは「否定性や死によってしるしづけられていないような言葉」(A 1982 [2008], 120〔二二三〕)をあらわにするということである。ここでもやはり、当の言語はただ身振りで指し示されているだけであり、一度として描写されることがない。その言語を描写する代わりに、彼はその節を二篇の詩で締めくくっている。その一方はスイスの芸術家・批評家パウル・クレー(一八七九―一九四〇年)のものであり、他方は現代イタリア詩人・翻訳家ジョルジョ・カプローニ(一九一二―一九九〇年)のものである。その二篇はいずれも、一度も行ったことのない場、一度も存在したことのない場への回帰について語っている。ここではカプローニの詩を引用しておく。

私が戻ってきたのは
自分が一度も来たことのないところだ。
なかったかつてから何も変わっていなかった。
テーブルの上(蠟引きされた

チェック柄の布の上）に半分注がれた
かつてのコップを見つけたが
それは一度も一杯に注がれたことはなかった。すべてが
依然としてかつてのまま、私が
一度も後にしたことのないままだった。

（A 1982 [2008], 122〔二二七〕; Caproni 1999, 392）

一度も知ったことのない空間に回帰するというこのイメージは、一度も知ったことがないにもかかわらず不気味なまでになじみ深いように思える言語の国に回帰するということについて何がしかのことを想像するための示唆となるべく提示されている。私たちはこのイメージを本書を通じて心にとどめておく必要がある。とくに、メシア的なものを扱う第七章で、全面的に変わってしまっているのに何も変わっていない空間に出会うという、これと似通った考えかたを私たちは目にすることになる。

『言語と死』の末尾に置かれた余談で、アガンベンは「聖なるもの（sacer）」を導入している。彼の著作を通じて繰り返し登場することになるこの用語・形象は、最も議論を呼んだ著作『ホモ・サケル』の焦点となるものである。ここで私がこのことに言及するのは、後年の「政治」論が初期の言語論においていかに先取られているか、彼の著作群を一体として読むことがいかに必要かをこのことがよく示しているからである。『言語と死』では「聖なるもの（sacer）」は人間の共同体を基礎づけるものとして姿を現している。アガンベンによれば、人間の共同体は本質的に言って基礎をもたないもの

であって、だからこそ共同体に堅固さを与えるにはさまざまな実践や儀礼が必要とされる。共同体は原初的排除とともに到来するとされる（私たちが共同体をもつのは何かが外にあるからであって、私たちは共同体に包含されないものを用い、それに照らして自分たちを計り知る）。このプロセスは犠牲において体現される。犠牲は、ある者を社会の外に置くことで、そこに境界があるということをあらわにする。外と内のあいだにあるこの境界は、彼の表現では「不分明地帯」と呼ばれる。ある者が排除されうるのであれば、私たちは皆、潜在的には排除されうることになる。アガンベンは――この犠牲という暴力の外に――、犠牲と等価とされる無意味さの外に、「社会的実践自体、自らに対して透明なものとなった人間の言葉自体」（A 1982 [2008], 133〔二四六〕）を定立している。『言語と死』はこの社会的実践、社会的な言葉という理念で締めくくられている。それはカプローニに捧げられた短い、ほとんど詩的とさえ言えるエピローグに含まれている。その最後の数行では、アガンベンの新たな倫理的共同体の原則が次のように述べられている。「したがって、言語は私たちの声、私たちの言語である。いま、きみが語っているさま、それが倫理だ」（A 1982 [2008], 139〔二五二〕）。ここに見られる両義性――この最後の数行を私たちは「語る」のか、読むのか、それとも考えるのか？――がここでは重要である。倫理に出会うためには、語る、読む、考えるといった諸実践間の分割が取り消され、すり減らされるのでなければならない。哲学の中心にある否定性に関する長く複雑な分析の後で、彼は私たちに、その否定性を超えた先に横たわっている思考・言語・生の王国に入るよう呼びかけているように思われる。それが「到来する共同体」だが、これは第三章で見るとおり、アイデンティティを基礎づけている包含／排除の論理による排斥の外に立ち現れてくる共同体である。その共同体によって呼び求められているのは、言語との関係が存在論的否定性の関係ではないような「何であれの存在」である。

要約

本章で見たとおり、アガンベンの哲学的視点の中心には言語が横たわっている。彼の著作群が立ち現れてくるもとになっているのは次のような考えかたである。すなわち、解きえぬありかたで分裂させられている何かが人間の中心にはあり、通例それは言語である。また、私たちはその分裂を覆い隠す（単語や人間に意味を与える）ことで自分たちの世界を構築するが、同時に、その分裂に頼ることで自分の実存を説明できる説話や物語を構築しもする。この分裂や対立という考えかたは彼の著作群を通じて繰り返し現れることになるが、これはつねに当の分割の枢要そのものにともなわれ、その枢要へと回帰しようと企てる。そうすることで当の分裂の始まりの本性を理解し、ひいては分裂を働かなくさせようというのである。言語の核心において否定性に出会うということは、現代の政治生活の空虚な隠語を引き剝がすプロセスとなる。そのプロセスはまた、言語が生起しているという当のことを提示することによって、また当の根本的否定性を超えた先の空間を見いだそうと企てることによって、そのような空虚な隠語を暴露するプロセスでもある。

第二章　インファンティアと考古学的方法

否定性を超えた先を指し示すという、『言語と死』末尾に見られるこの身振りはその後、アガンベンのさまざまな著作において反復されることになる。それらの著作のなかには折りに触れて書かれた短い論考もあれば、比較的長い著作もある。本章ではインファンティアと経験について検討するが、私たちはその検討を通じて、この否定性を超えた先に存在する潜勢力をもちうるのは何なのかという問いと出会うことになる。インファンティアを検討することによって、私たちは彼の言語哲学が歴史哲学へと姿を変えるのを目にする。だが、文献学的方法の導入によって歴史的説話と哲学的基礎づけをともに掘り崩そうとする生産的破壊運動こそが、両者をともに働かなくさせよう、無為化しようとする。後に考古学的方法としてあらためて分節化されるこの文献学的方法なるものがあってこそ、私たちは言語・言語学における基礎づけから、第三章における到来する共同体の導入へと向かう運動をたどることができるようになる。

インファンティア

『言語と死』のような著作の否定的な袋小路を乗り越えて先に進もうとする企てにおいて、アガンベンが検討している「形象」の一つにインファンティアがある。なるほど、これは彼の概念のなかでも最もつかみどころのないものの一つではある。だが、このインファンティアなるものは、「到来する共同体」と呼ばれることになるものを彼がどのように概念化しはじめているかを理解するにあたって必要な概念である。「私」という代名詞について彼が述べていたことについて再考しておこう。私たちが思い起こすことができるのは次のことである。すなわち、「私」なるものは人間存在を言語のなかに基礎づける。しかしその基礎づけはしばしば恣意的なものとして露呈しており、「私」は言語が生起しているということ以外のいかなる参照対象をももたない。私たちはこのことを言語の使用を通じてのみ経験でき、理解できるように思われる（言語によって概念化していないのであれば、私たちは自分の世界の経験をどのように組織できるのか？）。彼は、近代の主体性（私たちが自律的個人だということ）の展開がいかに言語に基礎づけられているかに関心を寄せている。私たちは、自分が本当に存在しているということを概念化するためには、「私は存在する」と言わなければならない。

だがアガンベンによれば、主体であるという近代的経験は、彼が「経験の破壊」と呼ぶところのものを必然的に帰結する。よく知られていることだが、ヴァルター・ベンヤミンはニコライ・レスコフ論「物語作者」において、近代における経験の貧困について検討している。ベンヤミンによれば、第一次世界大戦は近代において惹き起こされたより広範な経験の破壊が身をもって捉えられるようになった出来事だった。

というのも、経験がこれほど徹底的に嘘となったことはなかったからである。戦略的経験は消耗戦によって、経済的経験はインフレによって、身体的経験は物量戦によって、倫理的経験は権力者によって、かくも徹底的に嘘となった。学校に通うのにまだ馬車鉄道を使っていた一世代が、大空の下に立っていた。その風景でかつてと変わらないのは雲だけ、そして雲の下の、破壊的な奔流と爆発の力場のなかに置かれたちっぽけな、弱々しい人間の身体だけだった。

(Benjamin 1977 a, 439〔二八五―二八六〕)

アガンベンはこのベンヤミンの主張を敷衍し、私たちは近代生活を経験したことによって、真に経験するということができなくなったと明言している。これは直観に反することにも思えるが――私たちは毎日、何かしらの「経験」をしている(私は一冊の本を書くという経験をしているところである)――、アガンベンによれば、そのようなものは経験の核心ではない。経験の核心はむしろ、私たちがどのように言語を経験するかに関わっている。彼は近代の陳腐な経験をかつての経験と比較しようとしている。かつて私たちが経験していた言語は、共同体によって、また文化的な知の伝達によって、自分たち自身を通じて生きているものだった。そこでは言語に対して権威が授けられ、その権威が生きていた。それは押しつけられた権威のことではなく、「単語と語りのもつ力」のことである。たとえば、民間伝承の記憶のことを考えてみればよい。世代を通じて物語や歌が反復されることで、単語には真の力が与えられていた。「そこから起こるのが、格言や諺の消滅である。これらの形式においては、経験は権威として立てられていた。その格言や諺の代わりに置かれたのがスローガンである。スローガンは経験を失った人間の諺である。このことが意味するのは、今日はもはや経験はない、ということではない。そうではなく、経験はいまや、人間の外で完了する」(A 1978 [2001], 7〔一二〕)。このような見かたは保守的なもの、ノスタルジアに充ちてさえいるものと思えるかもしれないが、じつはそうではない。古い経験の終焉に、アガンベンは「冬眠している未来の経験の胚芽」(A 1978 [2001], 7〔一三〕)を見て取っている。

アガンベンによれば、経験の破壊を探るにあたって、また新たな経験の形式の可能性を探るにあたっては、近代の主体性の本性を探ることが必須である。ありふれた近代の説話が提示するところによれば、私たちは、世界の超越論的理解(たとえば、世界に秩序をもたらして世界を制御でき、潜在的には私たちを救済できる神というキリスト教的概念)にはもはや含みこまれていない近代的主体だとされる。近代科学・近代哲学は、推論プロセスによって世界にあらためて秩序をもたらすことができる。そのおかげで私たちは、神やその他の力の存在によって世界を説明してしまわずに、個人として世界を経験できるようになる。理性によって保証されるこの自由があることで、私たちは自分を意識の主体と見なすことができる。私たちは世界に対して意識的な、能動的な関わりをもつわけである。しかし、アガンベンの指摘によれば、私たちがもっているのは世界との関与を媒介する言語だという。したがって、「経験の破壊」は、意識がではなく言語こそが「経験」の本質だということに気づいていないことの結果として生じている。なぜ、このことが重要なのか？　このことは〈声〉に関連して私たちがすでに検討した諸概念とどのような関わりがあるのか？　この点について考える最良のやりかたはインファンティアを通じて考えるというものである。インファンティアということで彼が言わんとしているのは、私たちがふだん使っている意味でのインファンティアのことではない（「インファンティア（infancy）」は通例では「幼年期、幼児期」を指すが、もともとラテン語「infantia」は「fari（語る）」に否定の接頭辞「in-」が付されて作られたもので、「語ることができないこと」を指す。ただし、アガンベンのばあいはさらに特殊な意味を担わされている）。だから、喃語《なんご》を話す赤ん坊のことを考えてはならない。アガンベンが言わんとしているのは、言語の「経験」そのもののような何かである。したがって、それは私たちが「戻る」もととなるような点、言語に先立つユートピア的な点のようなものではない。言語に先立つ場という考えかたは捨て去らなければならない。そのような考えかたは、私たちが言語に先立つ「出来事」をもっているという理念にもとづいているからである。私たちが出来事をもち、それゆえに歴史をもつことができるのは、私たちが言語をもっているからに他ならない。言語に先立つ何かがあるなどと考えるのではなく、次のように理解しなければならない。「起源」なるものはすべて、言語の経験そのものへと取りこまれるべきである。私たちは何に「戻る」こともなく、言語の核心にあるものをあらわにする。現在における決定的に重要な問題――言語に関する問題――が立ち現れてくる瞬間を探究するという考えかたが、ここにもやはり見られる。インファンティアとはここでは、人類を言語から分離することを基礎づけている当のものを名指す試みのことである。それは「経験」の不可能性を帰結するのであって、これをそのような分離に先立つ何らかの点への「回帰」の試みなどと混同してはならない。

経験とは言語の限界である――それは、私たちが言葉に定式化しようと格闘する当の何ものかが生起する点のことである。お望みならば、それはインファンティアの回帰、より正確にはインファンティアの煌《きら》めきだと言ってもよい。このインファンティアとはつまり、言語に先立つ何かがあるということを私たちが思い起こす点、言語はそのことを「説明」すべく格闘するということを私たちが思い起こす点のことである。アガンベンは次のように述べている。「そのようなインファンティアがあるという事実、つまり言語の超越論的限界としての経験があるという事実こそが、言語が言語自体を全体性や真理として提示できるという可能性を排除する」(A 1978 [2001], 49〔八九〕)。このことが意味するのは、言語は言語を統べている諸規則や諸システムと等価ではないし、そのようなものへと縮減されもしないということである。だからといってそれは、私たちは真理をもちえないということではない。言語は真理に達する直接的・科学的な手段ではないということである。言語・インファンティア・真理のあいだの関係は構成された関係であり、その関係は転々と移り変わっていく。ただし、インファンティアには最重要の特徴がある。それは、インファンティアが一方の言語《ラング》と他方の言説《ディスクール》・話語《パロール》との分裂をあらわにするものだということ、両者間の分裂の源泉だということである。言語の意味は、時間の影響を受けない純粋なものなどではけっしてない。時を超えて同じ意味を保ち続ける単語など一つもない。私たち人間は言説《ディスクール》・話語《パロール》へと移行する言語《ラング》の座である。だとすれば、私たちの言語の使いかたはおのずと変調していかざるをえない。

言説《ディスクール》へと向かうこの言語《ラング》の運動を、アガンベンは人間の内と外にともにあるものとして描き出している。このことをもう少し抽象度の低いしかたで捉えるには、彼の用いている科学との類比を参照するのが役に立つだろう。彼は人間の言語を「もともと体内的圏域と体外的圏域へと分裂していること」(A 1978 [2001], 61〔一〇八〕)として描写している。生物学において、動物が自分の身体の一部として用いる仕掛けや道具は「体内的」と言われる。たとえば、鳥にとって鉤爪《かぎづめ》は体内的である。それに対して、当の動物の身体に対して外的である特徴や道具は「体外的」と言われる。たとえば、人間の用いる鋤《すき》は体外的である。彼の検討を敷衍すれば次のようになるだろう。すなわち、言語とは、私たちが自分の意識内に発生したかのように用いているものだが、同時にそれはもともと、道具のなかでも最も人工的な、他から移入されたものでもある。だとすれば、インファンティアはこの体内/体外の分裂に付された名だということになる。言語はまったくの異物でありながら、かくもなじみ深いものだからである。もちろん、これによってインファンティアは、前章で見た、語る存在の核心にある否定性を名指す当のものとなっている。だが、経験としての言語を我有化することでインファンティアをふたたび我有化できる経験なるものをアガンベンが考えうるのは、基礎へと緊密に結びつけられていない分裂・分割・「あいだ」という場がインファンティアに与えられているからである。

言語の座としての人間なるものを理解するにあたっては、アガンベンの用いている「記号論的《セミオティック》なもの／意味論的《セマンティック》なもの」というエミール・バンヴェニストの専門用語を理解することが重要である。記号論的《セミオティック》なものとは記号認識のことである。言語とは私たちが誰であれ理解できる単語・シニフィアンを一まとめにしたもののことだと考えるのがこの認識である。人は単語を見て、認識して、読む。それに対して、意味論的《セマンティック》なものというのはいわば言語の意味のことである。それは認識される必要はないが、理解される必要がある。記号論的《セミオティック》なものは通常、文という水準のことである。それは、有効性の多少はともあれ他の言語へと翻訳されうる意味をもっている。それに対して、意味論的《セマンティック》なものの問題とは、それが普遍的ではないということ、他の言語へと翻訳されない潜在力をもっているということである。ありふれた例を挙げよう。フランス語には、英語の「river（河川）」に相当する単語が二つある。「rivière」と「fleuve」である（「fleuve」のほうは海に流れこむ河川を表す）。「fleuve」の意味を英語訳するのは容易だが、記号論的《セミオティック》にはこれは翻訳できない。英語には「fleuve」を直接的に代替するものがないからである。英語内でも、世界のさまざまな地域で直接的に訳し分けられない例をいくつも考えることができるだろう。アメリカ英語では「root」という単語は「支える」というほどの意味である（「We're rooting for you guys（応援してるよ）」）。だが、オーストラリアでは「root」は性交を意味するひどいスラングである。つまり、ある文化から別の文化へと記号論的《セミオティック》なものをもちこんだとしても、そこに意味論的《セマンティック》なものがついてくるとはかぎらない。要約すれば次のようになる。ある用語を記号論的《セミオティック》な意味で用いるたびに、一瞬、私たちは当の用語を意味論的《セマンティック》なものへと向けるが、それはすぐにふたたび言語《ラング》へと落ちて行く。インファンティアとは、自分が「純粋な言語」から意味論的《セマンティック》なものに移行できる当の点であるということを私たちに可能にしているこのプロセスの「あいだ」なるものにアガンベンが付した名である。それとの類比で次のように言うこともできる。私たちはインファンティアによって、「神話」から「歴史」への移行を見て取ることのできる当の点、批評的神話学なるものの可能性を見て取ることのできる当の点になる。

アガンベンは、フランスの構造人類学者クロード・レヴィ＝ストロース（一九〇八―二〇〇九年）による定式化にしたがって、神話を一つの幻想と見なしている。それは、私たちは依然として言語《ラング》に達しうるのだという幻想、私たちは何かもとの本性のままの言語《ラング》といったものに戻りうるのだという幻想である。インファンティアと同じく、神話は記号論的《セミオティック》なものと意味論的《セマンティック》なもののあいだにある点だが、それはインファンティアと同じものではない。神話は、意味論的《セマンティック》なものないし言説《ディスクール》を「純粋な」言語《ラング》ないし記号論的《セミオティック》なものの王国へと転換しようと企てる。インファンティアのほうはこれと正反対の動きを見せる。その正反対の動きとは、歴史が、言語《ラング》を意味論的《セマンティック》なもののもつ複数の意味へと運んで行くとされるプロセスである。歴史が変化に関わるものであるとするならば、歴史は、長い時間を経るうちに言語において起こる変化・移行として読めることになる。では、一方の神話が何か純粋な言語のようなものに回帰するという幻想を生み出し、他方の歴史が純粋な言語を否定することによって生み出されるとするならば、それに対して批評的神話学とは何にあたるのか？　この問いへの回答は、文献学を通じて神話を変容させること、という形を取る。文献学とは諸言語の構造・歴史的展開・諸関係を扱う知の一分野であるが、それは諸言語の音声学や形態学の歴史的研究でもある。それはまた歴史的言語学としても知られている。「ある雑誌の計画」という短い論考で、アガンベンは「批評的神話学」をある探査プロセスとして粗述している。それは、ある時点から別の時点へと実践や儀礼が徐々に変形されていくとする見かたや、互いに分離されているように見える時間や場のあいだに奇妙な合流点があるとする見かたを、文献学の視点から検討する探査プロセスである。彼によれば、このプロセスは「原型的硬直から、また孤立から神話を目醒めさせ、歴史へと回復させてやる。それ自体が批評的に産出する起源は、あらゆる儀礼的性格から、また運命へのあらゆる従属から解き放たれている」（A 1978 [2001], 151〔二四六〕）。ここではっきりと定義づけられているのは、彼が言語と文献学に焦点を合わせることで神話と歴史というカテゴリーで何をしようとしているかである。私たちは、起源と運命というのは歴史と神話の両方に強迫観念として取り憑いている「終わり」だと考えるかもしれないが、彼はこの起源と運命を両方とも取り除いてしまう。彼は本質や基礎といった概念をすべて取り去り、言語に思考を集中させることで変化と連続性をともに解明しようとする。

批評的神話学の果たすべき語源論的任務をアガンベンがどのように理解しているかを捉えるためには、彼が最近おこなったこの問題の定式化の一つを検討することが役に立つかもしれない。その定式化は、その任務にあたるのは考古学である、というものである。「パラダイムとは何か?」において、彼は方法論と認識論について次のように述べている。「私はこうしたたぐいの問題が好きではない。ハイデガーも言ったことがあるが、もう何も切るものが残っていないのにナイフを研ぐのに忙しい人々がいるというのが私の印象である」(A 2002 b)。だが、彼は最近の諸論考において、このような問いに自分がどのように取り組んでいるかをより明確に提示している。すでに指摘したとおり、アガンベンは思考の諸構造や諸装置をたどることに関心を寄せる思想家である(この装置を指すためにミシェル・フーコーは「dispositif」というフランス語を用いている)。系譜をたどることで、その諸装置の考古学の理解に達しようというのである。それは歴史研究とどこが違うのか、と問う人もいるだろう。アガンベンははっきりと、哲学的考古学は歴史的ア・プリオリを捉えようとするものだと見なしている。彼がここで参照しているのはイマヌエル・カントである。カントは『純粋理性批判』(一七八一年)において、互いに異なる二つの認識形式を同定している。「私たちは[……]ア・プリオリな認識とはこれこれの経験やしかじかの経験からではなく、絶対的なしかたであらゆる経験から独立して生ずる認識であると了解しよう。それに対置されるのが経験的認識である。それはア・ポステリオリにのみ、すなわち経験を通じてのみ可能な認識である」(Kant 1922, 35〔六八―六九〕)。アガンベンはこの区別を採用して次のように考える。私たちは思考のア・プリオリを探るべく努めなければならないが、当の思考はけっして経験的なものではなく、思考に遺贈されている諸起源以外の起源をもつことができない。哲学的考古学とはこの逆説のことだというのである。つまり、カントは終わりについて——つまり思考の到達点である「純粋理性」という理念について——考えることでのみ、思考の歴史を示すことができる。したがって、哲学は過去に戻って、世界が展開されるもとになった第一原則たるアルケーを指し示すということはできない。哲学にできるのは、思考の構造や可能性の諸条件を定めることで思考の歴史を捉えるということであって、哲学はそこから出発してこそ当の思考の本性そのものを探ることになる。

アガンベンはこの逆説を、いわば自分の批評的哲学の任務にとっての出発点として捉えている。彼は後に、難民問題をはじめとする現代の問題を取りあげるが、そこでもやはり当の問題が立ち現れる場となっている諸構造について考えることになる——難民のばあいであれば、その諸構造とは政治的共同体と国民国家における包含と排除のことである。現在におけるこのような現象を真に理解するためには、それが起こったのはどのようにしてなのかと問う必要がある。このことは、現在の構造をあらわにすべく起源となる点にまで立ち戻って展開を探るという企てを意味する。難民のばあいであれば、すでに本書で強調したとおり〔詳説は第四章〕、彼はアリストテレスにおけるゾーエーとビオスの分裂における剝き出しの生の産出にまで遡ることになる。これは、現在がどのように基礎づけされているかを探ろうとするアガンベン思想の批判的・否定的な部分である。というわけで、考古学者は「現在へと退行する」ということが重要である。だとすれば、目指されている当のものは過去の本性にではなく、むしろ現在の発生に関わっている。この点に関して、彼は次のように問うている。「過去において無意識や忘却されているものに到達しようとするのではなく、意識と無意識のあいだ、歴史記述と歴史のあいだ（さらに一般的に言って、私たちの文化の論理を定義づけているあらゆる二項対立のあいだ）の二分法が生み出された当の点にまで遡ろうとする、この特異な「考古学的退行」をどのように了解すればよいだろうか？」（A 2008, 98〔一五一〕）この問いに対する回答は、現在をまさにこの分裂点から考えようとすることによって得られる。ノスタルジアに充ちた真正の瞬間を求め、分裂に先立つもともとの点を求めて過去に引き下がるというのではない。分裂「以前」について考えるのでは、分裂自体の論理に囚われたままになってしまう。発生点を考えるべく努めれば、私たちは「現在が、私たちの生きることも考えることもできなかったものとして自らを啓示すること」（A 2008, 100〔一五四〕）をあらわにできると彼は考えている。だが、私たちが自分で生きることも考えることもしなかったようなものにはいかなる実体もない――私たちが何かを知りうるのはただ、自分でそれを生き、もしくは考えたときである。だとすれば、この考古学的方法に根ざす批評的分析をおこなうことこそまさしく、この思考されていない現在なるものを理解しようと努めるにあたっての手段となる。彼が指摘しているとおり、それは、抑圧されている何かを意識されるようにしてやるというようなことではない。そうではなく、「微に入り細を穿つ考古学的探究を通じて、幻影を呼び出し、それとともにその幻影に手を加え、脱構築し、細部にわたって検討し、それによって最終的には当の幻影を侵蝕し、それがもともともっていた序列を失わせること」（A 2008, 103〔一五八〕）こそが批評的分析なのである。したがって彼の思想には、初期著作群ではそれほど明瞭ではないとはいえ、当の論理・構造自体を含みこんでいる論理・構造がある。

というわけで、アガンベンの「文献学的」方法と呼びうるものにとって基礎となるのは、歴史を見るにあたっての典拠ないし手段にあたる言語である。後述のとおり、「ホモ・サケル」シリーズのばあいがとくにそうだが、彼は概念の歴史を単語・用語の歴史を通じて示す。ある用語を私たちが現代世界において使っているとしても、そのことは意味が固定されたもの、恒常的なものだということを示唆するわけではない。彼が単語の語源やその後の展開をたとえばラテン語からたどることによって何を論証しえているのかといえば、それは、現在の意味が過去の多くの推論や用法をいかに含んでいるか、そのような過去の推論や用法のうちの何かがいかに失われ、また別の何かがいかに依然として、密やかにとまでは言わずとも奇妙なしかたで生きているかということである。すでに序でも示したし、また本書を通じて示すつもりでもあるが、このプロセスは言語と権力の関係に対して挑むということに関わっている。言語《ラング》が意味へと移動し展開するということを理解すれば、私たちは、所与の意味を受け容れて事足れりとすることをおのずと拒否することになる。言語《ラング》と話語《パロール》の分裂からは、つねに移動して権力に対して挑むことのできる流動状態が帰結する。そのような挑発の座の存在する当の場こそが人間である。それはまた、私たちが言語を用い、変更するやりかたでもある。

意味せよという命令から言語を自由にしてやるというこの企ては、アガンベンの著作に繰り返し姿を現す。アガンベンとジャック・デリダの関係について考察することはちょっとした休憩にもなるだろう。デリダは二十世紀の最も有名な、また最も論争の的となった思想家の一人である。彼の「脱構築」という方法は哲学の伝統に対してラディカルな挑発を提示している。デリダになじんでいる読者はすでに、アガンベンとハイデガーの関係にはデリダ思想と似たところがあると見なしているかもしれない。この類似に導かれて、アガンベンとデリダの企てのあいだに見られる親和性に焦点を合わせた人々もいる。だが、じつはこの二人の企てのあいだにはいちじるしい違いがある。アガンベンの方法を明らかにするために、その違いについて述べよう（以下も参照。Thurschwell 2005；Mills 2008）。アガンベンと同じく、デリダは西洋形而上学に対して、また彼が「現前の論理」と呼ぶものに対してきわめて批判的である。デリダによれば、西洋思想はつねに書きもの《エクリチュール》に対して話語《パロール》を特権化しようとしてきた。話語《パロール》はプラトン以来、書きもの《エクリチュール》よりも直接的で無媒介なものと見なされてきた。このことの基礎には、ある暗黙の認識がある。言語には固定された意味がないが、話語《パロール》、たとえばふつうの会話は、意味を明瞭化・固定化する機会をより多くもたらす、というのがその認識である。つまり、語る者はまた別の語る者に対して、相互理解に到達するために問いを投げかけることができる。それに対して、書きもの《エクリチュール》のほうは思考における真の意味からは遠く隔たっており、共有される意味、交流的な意味が展開される可能性はより低い。

話語《パロール》と書きもの《エクリチュール》の歴史を調べれば、両者の二項対立は成り立たなくなるとデリダは言う。そこで彼は、この二項対立の論理に戻ってしまうことを拒否する第三項を定立する。そのような第三項のなかでも最もよく知られているのが「差延（différance）」である。フランス語では、「différence（差異）」と「différance（差延）」には耳で聞き分けられる区別がない。書きもの《エクリチュール》に頼ることではじめて両者間に違いをつけることができる。というわけで、差延は二項対立を妨害し混乱させるべく働いて、言語における固定された意味の恒常的不在の代わりになることができる。だが、デリダにとって重要なのは、差延がこの主題への新たな取り組みの代わりとなる単語・概念になることはけっしてありえないということである。というのも、差延はけっして特定の意味へと固定されてしまってはならず、繰り返し可能なもののままでなければならないからである。

お望みならば、次のように言ってもよい。私の「書かれた交流〔発表原稿〕」が書きもの《エクリチュール》としての機能をもつためには、つまりその可読性をもつためには、一般にあらゆる特定の受信者が絶対的に消滅してもなお可読であるのでなければならない。それは、受信者の絶対的不在、もしくは経験的に規定可能な受信者たちの集合の絶対的不在において反復可能――繰り返し可能――であるのでなければならない。この繰り返し可能性（itérabilité）は（「iter（ふたたび）」はサンスクリットの「itara（他の）」に由来するらしい。これ以降の〔議論の〕すべては、反復を他性に結びつけているこの論理を開発するものとして読むことができる）、書きもの《エクリチュール》自体のしるしを構造化する。その書きもの《エクリチュール》のタイプがどのようなものであろうとも〔……〕である。

（Derrida 1972, 375〔二四〇―二四一〕）

デリダは話語《パロール》に焦点を合わせることを退け、その代わりに書きもの《エクリチュール》の歴史を探ることを選ぶ。アガンベンは、この「グラマトロジー」の企てをいくつかの重要な局面で引用し、その哲学的方法を検討している。とくに、アガンベンはデリダにおける痕跡と言語の問題を探ろうとする。アガンベンは次のように述べている。「「痕跡」概念は、記号が現在の充溢、絶対的現前の充溢の内に消滅しえないという不可能性を名指すものである〔……〕。シニフィエはつねにすでにシニフィアンの位置にある〔……〕」（A 2000, 97〔一六六―一六七〕）。脱構築とは痕跡をたどるプロセスのことである。それは、対立を解きほぐす工程の出発点としてこの痕跡というしるしを用いるプロセスである。このように、痕跡とその機能は「意味の起源」ではあるが、それは明らかに不安定であり、けっして絶対的ではない。痕跡によって示唆されるのは、意味は循環的な無限の働きを基礎としており、そのなかで意味が一つにまとまることはけっしてないということである。デリダが『グラマトロジーについて』で述べているとおり、「じじつ、痕跡とは意味一般の絶対的起源のことである。それはつまりは、意味一般の絶対的起源などないと言うに等しい。痕跡とは、現出と意味作用を開く差延のことである」（Derrida 1967, 95〔一二八〕強調はデリダによる）。だとすれば、デリダの著作がたどろうとする痕跡とは、すべての意味を不安定にする形式であり、思考に対していかなる揺るぎない基礎づけへの回帰をも否定する形式である、ということになる。デリダの企てとは、哲学を下支えしているとされる現前の形而上学を乗り越えようというものである。この企ては、フェルディナン・ド・ソシュールの立場を掘り崩してシニフィエ（意味）からシニフィアン（単語）へと向かうことによってなされる。だが、アガンベンによれば、これは偽の運動である。批評的方法論としての痕跡は、形而上学の基礎である単語と意味の原初的分裂を超えた先に私たちを連れて「戻って」くれたわけでは必ずしもない。アガンベンの議論によれば、私たちは痕跡ないし差延を、シニフィアン／シニフィエ（S／s）という区別を掘り崩す基礎と見なしてはならない。「書きもの《エクリチュール》とシニフィアンの形而上学」に焦点を合わせるというデリダの企てが「現前とシニフィエの形而上学」の超越たりうるとは期待できない。アガンベンは次のように指摘している。「したがって、「S／s」というアルゴリズムは、ただの「／」という障壁へと縮減されてしまうのでなければならない。だが私たちはこの障壁を単にしかじかの差異の痕跡と見なすのであってはならない。そうではなく、接合部・連節部［……］のトポロジー的な働きと見なすのでなければならない」（A 1977 [1993], 188〔三〇九〕）。つまり、デリダによる脱構築は痕跡の働きを通じて二項対立を掘り崩そうとするが、それに対してアガンベンによる脱構築は二項間の障壁ないし「あいだ」を提示するという方法を通じて二項対立を掘り崩そうとする。私の思うに、この二人のあいだの第一の違いは時間的な、政治的な違いである。アガンベンが、つねに内在的なものである「接合」なるものに形而上学の掘り崩しを見て取るのに対して、デリダの脱構築のほうはつねに無限の解きほぐしをおこなう。たとえば、アガンベンは言語の核心にある否定性を現代において乗り越えるべく説明しよ

う と試みるが、デリダの脱構築のほうは現在に内属する遅延・差異を痕跡を通じて強調しようと試みる。アガンベンの主張は、グラマトロジーは「しかじかのテクストの限りない脱構築」(A 2005 a, 363〔四四二〕)や「限りない繰り延べ」(A 2000, 98〔一六八〕)であってはならないというものである。グラマトロジーは、潜勢力の倫理へと開かれるべく、「働かなくさせる」よう努めるのでなければならない。この潜勢力の倫理については次章で説明することにする。

要約

アガンベンの探っているインファンティアなるものは、彼がハイデガーにおいて探った否定性の問題に向きあうための手段である。インファンティアは、一方の言語《ラング》と他方の言説《ディスクール》・話語《パロール》との分裂の基礎づけである。アガンベンは人間の歴史を分割・分裂の歴史として探ることのできる批評方法を構築しようとしている。インファンティアという問題に出会うことで、私たちは経験にも出会っている。それは近代の主体性の問題の核心にあるとされる言語の経験である、というのがアガンベンの指摘である。彼の言語哲学を出発点として展開されたこの方法は、彼の著作群を通じてさまざまな形で反復されている。考古学というのはその方法の一つである。この企てにはたしかにデリダの脱構築と並行的な部分もある。だが、内在的時間性においては、つまり到来する共同体の政治的任務に関わる時間性においては、この企ては脱構築とは異なっている。

第三章　潜勢力と「到来する哲学の任務」

アガンベン思想における批評的契機、また言語に内属している否定性に呼びかけようとする彼の企てにおける批評的契機は、彼のいう「到来する哲学の任務」なるものを多くのしかたで準備するものとなっている。その任務を粗述するにあたって、本章では鍵となる三つの用語を検討する。潜勢力、無為（もしくは働かなくさせること）、到来する共同体である。この三者をまとめて捉えることで、彼の思想の展開される方向が大まかに描き出されるだろう。重要なのは、この三者は到達すべき「目標」ではなく、プロセスにして実践だということである。それは、政治や倫理を概念化する新たなありかたのために空間を開くプロセスにして実践である。また、この三者はいずれも言語に関する理解と結びついている。それは、言語とはそのような新たな形を取った政治や倫理が生起する空間だという理解である。その空間において、当の新たな政治・倫理は、近代政治における言語の囚われに対して挑むことができる。

弁証法

前章で私たちは、考古学を通じて、思考のシステムや構造を「働かなくさせる」というアガンベンの企てに出会った。この企ての本性を捉えるために、弁証法や二項対立について短い前置きを提供しておく必要がある。彼は、最終的にはそのような二項的構造を拒絶しよう、もしくはそれに対して挑もうとするのだが、彼が相手取っている当の伝統を理解しておくことは重要である。それがわからなければ、彼の方法がいかに西洋哲学の伝統への回答になっているかを捉えることはできない。彼は弁証法的関係が産出されるのを無為化しようとしている。弁証法的関係を探り、働かなくさせようと企てているのである。そのプロセスは哲学的プロセスだとされているが、それは批評的方法でもある。その弁証法なるものには長い歴史がある。この「弁証法」という用語ははじめ古代ギリシア哲学で、ある様式をもつ議論を指す弁論術上の用語として用いられていた。それが近代思想になると、カント哲学においてさらに特有の意味をもつようになった。弁証法はカント哲学では、もともと宗教的ないし超越論的だった諸概念を説明しようとして科学が見せる葛藤を指す用語となった。カントはそのような諸概念は解決不可能なものと信じていた。それがG・W・F・ヘーゲルになると、かつては超越論的だったその諸項が、近代の合理性によって弁証法的進行を通じて捉えられるようになる。それは、すべての弁証法的葛藤の最終的総合である絶対精神で終わりを迎える。カール・マルクスはこのヘーゲル弁証法を取りあげて、歴史の諸段階を通じて人間が展開される様子を理論化している。その歴史は最終的には共産主義的ユートピアに至るとされる。ここでそれぞれ弁証法と呼ばれているものは互いに非常に異なるものではあるが、これらすべてが、アガンベンが弁証法的方法を用いるにあたって暗示している知的背景を形成している。

弁証法ではまず措定がなされる。そして、これに反するものとして反措定がなされる。その結果、このプロセスは新たな総合を生ずる（互いに対立している立場を私たちは議論を通じて解消するが、そこでは、先立つ二つの立場を総合する、合意にもとづいた新たな立場が作り出される）。この基本的な議論の構造は、歴史の進行を説明するためにヘーゲルとマルクスによって用いられたものである。ここで、ヘーゲル弁証法に対するある種の理解を広めるのにロシア出身の哲学者アレクサンドル・コジェーヴが大きな役割を果たした。コジェーヴは一九三〇年代にパリで一連の講義をおこない、それは後に『ヘーゲル読解入門』として刊行された。この連続講義とそれに続く刊行物でコジェーヴが提示したのは、非常に唯物論的なヴァージョンのヘーゲルである。そこでは、絶対精神という神学的全体性の探究が、より唯物論的な「歴史の終わり」という概念によって置き換えられている。これはアガンベンによれば「メシア的なものを平らに均《なら》す」（A 2000, 96〔一六四〕）ことを目指したものである。この連続講義には、当時のフランスで最も重要だった思想家が何人か出席していた。そこにはジャン＝ポール・サルトル、ジャック・ラカン、ジョルジュ・バタイユ、モーリス・メルロ＝

ポンティが含まれており、このことがフランスにおけるヘーゲル読解に影響を及ぼすことになった。アメリカでもコジェーヴの影響は二世代に及んだ。コジェーヴの解釈するヘーゲルによれば、人間の歴史は諸民族が再認を求めて、というか、再認への欲望のために互いに争った葛藤の歴史だった。このことが明らかにされている最も有名な例は主人と奴隷の弁証法である。そこでは人間は再認を求めて互いに争い、その結果として一つの党を生み出す。権力を用いて、自分たちに仕える立場に身を置くよう、自分たちを主人として再認するよう他の者たちに対して強いる党である。だが、この立場は誰にとっても満足の行くものというわけではない。主人たちは自分よりも下の者たちから偉大な者として再認されたいわけではないし、奴隷たちはもちろん、主人たちよりも下の立場に身を置いて幸福だということなどけっしてない。したがって、再認を求めてこの諸党間でなされる闘争は続いていく。これが、人間の歴史を突き動かしてきた葛藤である。これとあわせて指摘しておいてよいことがある。コジェーヴが主人と奴隷の弁証法を通じてヘーゲルを唯物論的に捉えなおしたということは、労働概念を強調すること、また労働と権力との関係を強調することにつながっている、ということである。この労働なるものは、弁証法に対するアガンベンの取り組みを支配することになる「無為」を私たちが検討するにあたって重要な要素となる。

以上は弁証法のごく初歩的な理解ではあるが、これで、アガンベンが弁証法の諸構造を彼自身の思想においてどのように使用し転覆するかを理解するための土台は得られたにちがいない。歴史の展開を説明するにあたって、弁証法がある力ないし形式をそれとは別の力ないし形式に対立させているということは重要である。これは二項的形式をもった思考であって、それは歴史や人間関係などに関していわば機械的な、限定された知覚を生み出している。また、この思考は目的論的でもある。それはつまり、絶対精神や歴史の終わりやユートピアといった「テロス」を、つまり向かうべき目標を前方に立てているということである。目的論的な思考モデルは過去を説明するにあたって片方の目は未来に向けている。それに対して、アガンベンが過去を理解しようとするのは現在に対してラディカルな可能性を開くためである。彼がこのような二項的ないし弁証法的な諸構造を用いるのは、さまざまな現象のすべてを特徴づけるためである。とはいえ、彼は「もともとの」分裂ないし基礎づけ的な分裂がしばしばあると指摘している。そのような分裂が、個々の弁証法的進行を特徴づけるべく進んでいくことになるというのである。そこで、彼はその分裂によって現在「産出」されているものを同定しようとする。この産出は、問題となっている当の現象に対しては反措定的と思われるかもしれない。それは系譜学的に現在からかつてへと遡って働き、基礎づけ的な契機における弁証法の思いもよらぬ堕落をあらわにしようとする。

つまり、概念史の弁証法的理解を用い、諸概念の展開をあとづけるという点においては、アガンベンは弁証法の思想家である。だが、彼が歴史の目的論的理解の擁護者だとは言えない。先へと向かうこの運動に彼が肯定的形容を付すことはけっしてない。本書の序ですでに指摘しておいたとおり、彼が諸概念の構造や仕組みを探るのはただ、新たな現在を実現すべく当の諸概念を掘り崩すという目標があるからである。それは、彼が弁証法的方法をよしとしているからではない。マルクスもヘーゲルも「歴史の終わり」という理念において、弁証法によって新たな未来がもたらされるだろうとそれぞれに信じていたが、アガンベンはそうではない。それどころか、彼が二項的なものを使って自分の批評的方法論を構成するのはただ、私たちの文化が二項的なものによって支配されているからに他ならない。私たちが見て取ることのできるのは、思考の――とくに「言語は存在の家である」という考えかたの――基礎づけ的な諸構造を探るという点については彼はハイデガーに負債を負っているが、諸構造を破断するにあたってはヴァルター・ベンヤミンに負っている負債によって突き動かされている、ということである。

ヴァルター・ベンヤミンとアガンベンの方法

すでに指摘したとおり、ベンヤミンはアガンベン思想に甚大な影響を及ぼしている。ベンヤミンによる哲学的方法や歴史理解がどのようなものかを検討しておくのは、アガンベン思想を捉えるにあたって必須である。ベンヤミンは一八九二年にベルリンで、ユダヤ人の中流家庭に生まれた。彼はフライブルク大学とベルリン大学で学び、その研究は博士論文――一九一九年に執筆され、一九二〇年にモノグラフとして出版されたもの――に結実した。『ドイツ・ロマン主義における芸術批評の概念』と題されているこの濃厚な、(どちらかと言うと) 無味乾燥な著作では、ロマン主義中期にイェーナ派によって書かれたものが検討されている。そこで焦点が合わせられているのはノヴァーリスの諸断片、そしてまたとりわけ『アテネーウム』誌に発表されたフリードリヒ・シュレーゲルの諸断片である。ベンヤミンの論考では、それらの断片に見られる概念はフィヒテ哲学に対する回答として出現したとされている。ベンヤミンの議論によれば、ロマン主義者は、破砕された、無限の、だが救済的形式をもつ自己なるものに焦点を合わせた哲学を展開し、それによって哲学と文化的生産の両方に対して両義的可能性をもつような形式の永続的批評および自己内省に可能性を開いているという。充たされた無限という概念は、ベンヤミンのその後の歴史の構想にとって、またアガンベン自身の著作においても間違いなく重要なものである。じつのところ、アガンベンはイェーナ派についてたびたび言及している。アガンベンがドイツ・ロマン主義にどのような負債を負っているかを探る研究は、これからなされなければならない。

このアカデミックな研究を継ぐ形でベンヤミンは第二論文へと移る。これはトラウアーシュピールに関するものである。トラウアーシュピールとは十六―十七世紀のドイツ哀悼劇〔悲劇〕のことである。この出発点はどちらかと言うと型どおりのものだが、そこからベンヤミンは驚くべき独創性をもつ著作を生み出した。バロック芸術の本性に対して、またバロック芸術と歴史との関係に対して幅広い、哲学的なまなざしを向けているのである。ベンヤミンはこの論文を取り下げるよう指導教官から薦められた。伝統的で保守的な大学の世界では失敗作とされるにちがいないからというのである。そこでベンヤミンは大学というシステムを離れ、ジャーナリズムを、また広範囲にわたる形式の文化批評を手がけることになる。このラディカルな文学批評の著作『ドイツ悲劇の根源』はアガンベンの著作群のなかに場を占めているが、しばしばそれと認められていない。アガンベンが重要な論考「暴力批判論」と最後の著作「歴史哲学について」を通じてベンヤミンに負っている負債について熱心に探る註釈者は多い。だが、方法に関して、また批評的哲学の任務に関するさらに大きな問いに関して言えば、『ドイツ悲劇の根源』はこの関係を見る鍵となるテクストであるにちがいない。このテクストは、その批評的方法ゆえにアガンベンにとって中心的重要性をもつものとなっている。この方法について簡潔に触れておくことは、アガンベンの著作の際立った諸特徴を説明する役に立つだろう。アガンベンは『ドイツ悲劇の根源』がもつ重要性について、次のように明言している。

「発展的普遍文学」というプロジェクトにおいて、詩と批評的‐文献学的分野との区別を廃棄しようとしたイェーナ派にあっては、批評的と形容されるに値する作品とは自らの内に自らの否定を含んでいる作品、それゆえその本質的内容が自らの内に見いだされないような作品以外ではありえなかった。今世紀のヨーロッパの評論に、このようなたぐいの作品が豊かに見られるわけではない。厳密に言えば〔……〕もしかすると、この意味で批評の名に値するのは一冊だけかもしれない。ヴァルター・ベンヤミンの『ドイツ悲劇の根源』のことである。

（A 1977 [1993], xi〔九―一〇〕）

だが、批評的作品にとって、自らの内に自らの否定を含むとは何を意味するのか？　アガンベンの主張によれば、批評は詩と哲学の分裂から生み出されるという（このことについては第六章でさらに検討する）。批評が目指すのは、言語自体以外の何も伝えないものとしての言語が実現されるのに貢献することによって、批評自体の否定を提示するということである。前章で粗述した哲学的考古学のモデルを思い起こしておこう。真の批評が目指すところは、基礎となっている分裂（詩と哲学の分裂）の契機を働かなくさせるということだった。批評的作品はしたがって、批評概念そのものを否定すべく当の分裂の本性をあらわにしようとする。

ベンヤミンの『ドイツ悲劇の根源』は手に負えないことでよく知られている。それが手に負えないのは形式によるところが大きい。アガンベンはというと、この著作は難しいとはいえ最重要著作の一つだと書きとめている。「この作品はたしかにベンヤミンの作品群のなかで最もなじみの薄いものではあるが、もしかするとこれは彼が自分の最深の意図を実現した唯一の作品かもしれない」（A 1977 [1993], 159, n. 1〔三五九、註一〕）。ベンヤミンはこの著作をあるモザイクとして概念化している。個々のピース、たとえば個々の文が全体の一部と見なされなければならないようなモザイクとしてである。しかしながら、そのようなことは抽象的なものを捉えようとする企てによってではなく、提示形式によって到達されうる。単純に言えば、それはヴァージニア・ウルフの小説を読むようなことだと言える。あなたが『ダロウェイ夫人』で何が起こっているのか——つまり抽象的なレヴェルでの説話の動き——を訊ねられたならば、この本は深みのほとんどない、おそらくはだらだらとしたものに思えるだろう（夫人がパーティを準備している）。だが読者は表象を通して、夫人の言葉遣いや句読や隠喩などを通して、夫人の行動の背後にあるはるかに広大な「意味」を捉えることができる。それは語られているというよりも、表象されているものである。ベンヤミンは、知と真理は互いに異なるものだということを思い起こさせる。知は方法を用い、意識において対象を「獲得する」ことを目指す。それは、特定の方法を適用することによって何かを捉えるということである――それは何かから出現するというよりも、当の何かへと働きかける。それに対して、真理は「自己表象」を探し求めるもの、「内在的」なものである。この複雑な用語は、カントによる内在的原則と超越論的原則の区別に由来している。内在的原則が宇宙に現前している何かによって支配されている王国であるのに対して、超越論的原則はその先にあるもの、経験を説明するために前提されるものである。つまり、超越論的原則とは、理解しようとする対象の外に指導的原則を定立する原則である。それに対して、内在的原則は対象の内側にあるものである。

ベンヤミンの方法が内在的だということは、それが真理を提示するのは抽象的な指導的原則によってではなく、テクスト自体においてだということである。ある意味では、ベンヤミンの著作には「鍵」は一つもありえない。というのも、彼の著作は伝統的哲学ではないからである。それはまた、詩のように、なぜかもわからぬまま言語を捉えようと望むということもありえない。彼の著作は、提示（文や構造）を通じてテクストの真理をあらわにするのでなければならない。ベンヤミンは論考の本性について次のように断言している。

表象は論考の方法の精髄である。方法とは寄り道のことである。寄り道としての表象――これが論考の方法上の性格である。その第一の特徴は、意図の中断のない進行が断念されているということである。思考は倦むことなく新たに始まり、回り道をしながらもの自体へと戻って行く。この不断の息継ぎこそが、観想の最も固有な存在形式である。というのも、観想は、同じ一つの対象について考察しつつもさまざまに異なる意味の階梯をたどることによって、新たに始めなおすことへの動機づけがなされるし、その断続的リズムも正当化されるからである。モザイクが気まぐれな小片へと細分されていながら威厳は残っているのと同じように、哲学的考察も揺れ動くことを恐れない。

(Benjamin 1974 b, 208〔一九〕)

モザイクの「気まぐれな小片」というのは、『散文のイデア』のような著作における、アガンベン自身のしばしば断片的になっている考察にも似たところがある。したがって、アガンベンの著作の多くに見られる脱線――この点については本書の序にも書きとめておいたが、これに批判的なアリスン・ロスのような註解者もいる――は、ベンヤミン的形式の批評にとって不可欠である。そのような形式の批評こそ、アガンベンが引き受けている当の批評である。そこで問題になっているのは書くプロセスだけではない。これはまた読解の問題でもある。というのも、テクストの論理的諸前提に逃げ場を見いだせないのであれば、テクストはつねに書かれるプロセスのなかになければならないからである。なぜならば、一つ一つの読解によって新たなテクストが生み出されるからである。作品において真理が生じてくることを描写するためにベンヤミンが「内在的」という用語を使っていることは、ここから説明がつくかもしれない。真理は作品のなかにあり、つねに作品から生ずることができるのであって、真理は所与のものではありえない。ジョージ・スタイナーはベンヤミンによる一次資料の扱いかたを次のように要約している。「真の評論者-理解者、つまり自分の読解が眼前のページの連続した生に副署するような読者は、自分の知覚を定め、もともとのテクストに対して解明的・強化的な対抗的言明を生み出す」(Steiner 1998, 21)。このような形を取る「真の」評論は、説明するというよりも成立させ、提示するというよりも表象する。この内在的表象という概念は、アガンベンの著作群に取り組む読者にとって心にとどめておくべきものである。このことがわかっていないと、テクストから分析モデルが立ち現れるようにしてやるのではなく、テクストに分析モデルを押しつけてしまうという恐れがある。アガンベンの著作の運動を内側から捉えようとするのではなく、アガンベンを文脈の外で読み、彼に解釈学的な枠組みを外側から強いる批評家がなぜこれほど多いのかは、このことから説明がつくかもしれない。

アガンベンと歴史

アガンベンがベンヤミンから得ているのはある種の批評的方法論と文体だけにとどまらない。彼はまた、歴史の理論化もベンヤミンから得ている。この歴史の理論化は重要である。前章では哲学的考古学と経験を扱ったが、以下の議論で提示するのはその哲学的考古学と経験との関係において歴史概念を強化するということである。歴史は長らく、前方に伸びて進歩の消失点へと向かう連続体だと見なされてきた。したがって、歴史はつねに現在から過去を振り返って見るのでなければならない。そこで過去を振り返って見る手段を作り出す当の現在は独特の構成になってしまっている。このモデルこそ、「歴史はつねに勝利者によって書かれる」という文言の根にあるものである。ベンヤミンにとってもアガンベンにとっても、この歴史モデルは歴史的な知を探ることに失敗し、またさらに一般的に言って歴史記述の基礎づけを探ることに失敗するものである。過去を探るにあたって、このモデルは単に現在の覇権的論理を用いてしまう。潜勢力を実現するため、私たちが新たな現在に戻る一助とするためには、このようなモデルは働かなくされなければならない。ベンヤミンの「歴史を逆なでする」というモデルは、『ドイツ・ロマン主義における芸術批評の概念』や『ドイツ悲劇の根源』よりも前に展開されていた。ベンヤミンによるオルタナティヴな歴史記述は「学生の生活」(一九一五年)ですでに粗述されていた。これは、公に刊行されたものとしては彼の最初のテクストである。そこでなされているのは、誕生期のベンヤミンの批評方法に関する際立った、簡潔な言明である。以下に長く引用するのも無駄ではない。

時間が無限であると信じ、人間や時代のテンポだけを区別し、当の人間や時代が速いにしても遅いにしても進歩の軌道上を転がって進むとする歴史の把握のしかたがある。この歴史の把握のしかたが現代に対しておこなう要求はそれゆえに首尾一貫しておらず、そこには正確さや厳密さが欠けている。それに対して、以下の考察はある特定の状態へと向かうものである。それは歴史が、昔から思想家の描いてきたユートピア的イメージにおいてそうであるように、一つの焦点に集まって休らっているという状態のことである。この最終的状態をなす諸要素は形を欠いた進歩傾向として表に出てはいない。そうではなく、きわめて危険に充ち、きわめて評判の悪い、嘲《わら》われている被造物や思想として、各々の現在のなかに深く埋めこまれている。完全性の内在的状態を純粋に、絶対的なものへと形成すること、それを現在において目に見える支配的なものにすること、これが歴史の任務である。だがこの状態は、諸々の細部(制度や習俗など)の実用主義的叙述によって書き換えられるものではなく、むしろ、そのような叙述を避ける。そうではなく、この状態は、メシアの王国やフランス革命の理念のように、その形而上学的構造においてのみ把握できる。

(Benjamin 1977 b, 75〔六七—六八〕)

この一節は、歴史への「オルタナティヴな」取り組みをベンヤミンがどのように理解しているかを劇的なしかたで示している。ここで重要なのは、問題になっているのが過去というよりも現在だということである。これは、「正確」な歴史的記録を復元することを目的として過去をあらわにしようとする無味乾燥な、形式的な歴史主義などではない。ここで問題になっているのは歴史の構造を「把握する」ということである。その構造とは、歴史的説話によってしばしば閉じこめられ隠されている権力諸装置のなかに含みこまれている構造のことである。とはいえ、この「把握」はこの営みの最終地点ではない。むしろそこにあるのは、ベンヤミンの方法があらわにしようとする当の現在においてなされる内在的「暴露」である。批評的方法論をこのように描写すると、それは本書ですでに考古学に関する議論で粗述したアガンベンの方法論とよく似たものにも見える。だが、その両者の相似点や相違点を捉えるためには、ベンヤミンの歴史哲学をもう少し深く検討しておく必要がある。

晩年のベンヤミンはパリのパサージュに関するプロジェクトに没頭し、一心不乱に研究した。作業の覚え書きは何冊ものノートになり、紙片は何千枚にも及んだ。それと同時に、彼は自分の歴史哲学のメシア的諸要素を展開させていた。『パサージュ論』は、刊行された形では約三千の断片からなるが、その多くは哲学・歴史学・創作物・経済学を典拠とする引用からなり、それがベンヤミン自身の理論的内省によって全体に撒き散らされている。テクストはそれぞれの個別テーマをめぐって「コンヴォルート〔束〕」に分けて組織されている。そのうち、私たちの議論にとって最も重要なのは、「認識論について、進歩の理論」と題されている、「N」というコンヴォルートである。ベンヤミンはそこで、弁証法的イメージなるものの有名な定式化をおこなっている。『パサージュ論』、とくにその「N」は、マルクスによる歴史の唯物論的構想と密接に結びついている。ベンヤミンは次のように断言している。「マルクスは経済と文化に因果的連関を提示している。ここで問題となっているのは表現の連関である。提示されるべきは文化が経済から発生しているということではなく、経済が当の経済の文化において表現されているということである」(Benjamin 1982, 573–574 [N 1 a, 6]〔一七八〕)。ベンヤミンによる歴史の唯物論的構想にアガンベンがどの程度まで従っているかには議論の余地がある。

　アガンベンがベンヤミンの用いている方法論から何がしかのものを引き出しているのはたしかだが、ベンヤミンを下支えしているマルクス主義的唯物論とアガンベンがいかなる関係をもっているかということはそれ以上に問題をはらんでいる。マルクスは、歴史は思考の構造によってではなく、人々の存在にとっての物質的諸条件によって捉えられるべきだとしている。彼は『ドイツ・イデオロギー』で次のように述べている。「人間は意識によって、宗教によって、その他任意のものによって動物から区別されうる。人間自体は生活手段を生産しはじめるとすぐに自分を動物から区別しはじめる。これは身体の有機的組織ゆえに、人間の必ず踏み出すべき一歩である。人間は自らの生活手段を生産することで、間接的に物質的生活自体を生産する」(Marx & Engels 1972, 38〔一六〕)。このことが意味するのは、人間の実存は活動によって、つまり自らの実存の物理的諸条件を作り出すことによって基礎づけられているということである。このことについて、マルクスは次のように述べている。「生きるということには〔……〕何よりもまず食べること、飲むこと、住むこと、着ること、さらにその他若干のことが含まれている。したがって、最初の歴史的行為は〔……〕物質的生活自体を生産することである」(Marx & Engels 1972, 51〔五二、五四〕)。だとすれば、哲学の役割は、この活動が最も感覚的な、最も意味あるやりかたで経験されうるように諸条件を最大化することだということになる。これはまた次のことをも意味する。すなわち、哲学は思想の抽象的概念に対してではなく、人間の実際の歴史的実存に対して注意を向けるのでなければならないということである。マルクスの「フォイヤーバハに関するテーゼ」の名高い第十一テーゼが述べているとおり、「哲学者たちは、世界をさまざまに解釈してきたにすぎない。重要なのは世界を変革することである」。というわけで、マルクス思想が焦点を合わせている当の分析は人間の物質的条件に関するもの、人間がいかに自然との関係においてその物質的条件を展開させ向上させてきたかに関するものだということになる。マルクスの歴史的分析はすべての人々の物質的諸条件の分析となり、歴史はその諸条件の進歩におけるプロセスとなった。自分たちの歴史を自分たちの手中にする労働者の進歩におけるプロセスである。このような歴史モデルのねらいは、人間を過去の専制から自由にしてやるということだった。だが、マルクスも理解していたとおり、それは容易なことではない。歴史が私たちの思考を制御・規定してしまっているからである。マルクスは『ルイ・ボナパルトのブリュメール十八日』で次のように述べている。

> 人間は自分自身の歴史を作る。だが、自分で自由に選んだ部品で作るわけではない。直接そのあたりに見あたる、所与の、過去から伝えられている状況下で作る。死んでいる全世代の伝統が、生きている者たちの脳にエルフのようにのしかかっている。生きている者たちは自分自身を、そして物事を転覆させ、これまでなかったものを作り出そうと努めているように見えるちょうどそのとき、まさにそのような革命的危機の時代にあって、不安にかられて過去の亡霊たちを呼び出して助けを求め、彼らの名や鬨《とき》の声や衣装を借用し、年代ものの仮装や借りものの言葉で新たな世界史の場面を演ずる。
>
> （Marx 1985, 96–97〔一六〕）

現在を過去への隷従から自由にしてやろうとするマルクスの考えはベンヤミンによって取りあげられた。それはアガンベンも形を変えて取りあげているものだが、ベンヤミンが自分の歴史理解を過去の物質的痕跡の内に基礎づけようと努めたのに対して、アガンベンのほうははっきりと、そのような物質的諸条件を超えた先で働く構造——政治的構造、存在論的構造、認識論的構造、法的構造など——を検討対象としている。アガンベンとマルクスのあいだ、さらに広く言ってアガンベンとマルクス主義のあいだにいかなる相互的関係があるかというのはたしかに、さらに検討すべきトピックではある(de Boever 2009 を参照)。ここでは次のように言えば足りる。すなわち、アガンベンによるベンヤミン読解には独特な屈曲が与えられている。その屈曲はアガンベン自身の方法と哲学的基礎づけについてあらわにするが、ベンヤミンの方法と哲学的基礎づけについてもあらわにするものである。

だが、ベンヤミンの歴史理解の唯物論を超えた先で、アガンベンは過去を探る方法に対してだけでなく、当の過去が現在においてどのように表象されているかに対しても焦点を合わせている。アガンベンによるベンヤミン読解にとって両者の最重要の交点となっているのは、過去の表象と弁証法的イメージの形式である。先述のとおり、この焦点はベンヤミンのより広範な方法を捉えるにあたって示唆的である。ベンヤミンによれば、単にそれらのプロセスを把握するということが問題なのではなく、それらがどのように提示されているかを把握することが問題なのである。ベンヤミンは次のような、有名な断言をおこなっている。「この仕事の方法——それは文学的モンタージュである。私の言うべきことは何もない。ただ示すだけである。何も価値あるものを盗み取りもしないし、気の利いた定式を掠め取りもしない。そうではなく、ぼろ切れやごみ屑を——目録化するのではなく、唯一可能なしかたで正当に遇しようとするのである。それらを使用する——これこそ、その唯一可能なしかたである」(Benjamin 1982, 574 [N 1 a, 8]〔一七九〕)。この提示法に、過去と現在の関係が内属的に結びついている。ベンヤミンによれば、私たちは何かの伝統によって生み出されたものである。起こりえたさまざまな可能性のなかの一つが私たちである。弁証法的歴史家の役割とは、現在を伝統の外に目醒めさせるということである。それにあたって彼が提示するのは、この現在がいかにして起こったかということ、また個々の契機が歴史においていかにして否定されてきたかということである。そこから『パサージュ論』は、政治経済学の展開における連続体を過去のなかに発見しようとする企て、そしてまたその経済における幻影劇的商品の役割を発見しようとする企てになる。それによって、生産様式と消費様式のさまざまな瑕疵を強調しようというのである。ロルフ・ティーデマンは次のように断言している。「資本主義の展開に由来する生産力によって生ずる革新や発明は、つねにいっそう速く老化していく。そこにベンヤミンは初期近代全体の印徴を見て取った」(Tiedemann 1982, 15〔二五四〕)。この歴史哲学の成就は、弁証法的イメージに付属している実現の契機となるだろう。ベンヤミンは次のように断言している。

過去が現在に光を投げかけるのでもなければ、現在が過去に光を投げかけるのでもない。イメージとはそうではなく、かつてあったものが電光石火の内にいまと一つになり、ただ一つの星座となる場である。言い換えれば、イメージは停止状態にある弁証法である〔……〕。弁証法的イメージだけが真の〔……〕イメージである。そして、このイメージに出会う場が言語である。■目醒め■

(Benjamin 1982, 576–577 [N 2 a, 3]〔一八四〕)

この一節はベンヤミンの歴史哲学の多くの要素を含んでいる。「目醒め」という用語は彼のプロジェクトの方法とねらいをともに結晶化しているのかもしれない。ここではまた、言語が弁証法的イメージのあらわになる場とされているということも重要である。弁証法を停止状態に至らせるべく働く弁証法的イメージという概念は、アガンベンが弁証法的方法をどのように用いているかを評価するにあたって最も重要である。ベンヤミンはほとんどのばあい、自分の方法を歴史研究に集中させている。それに対してアガンベンのほうは、対立しあう諸力を停止状態へと弁証法的に至らせるというこの概念をはるかに広い意味で用いている。したがって弁証法的イメージは、諸力の対立が見えるようになり、対立しあうものの発する光が互いの上へと投げかけられ、それらが決定的に無為化されるようになる契機になりうる。その契機としては、言語におけるもの、視覚的表象におけるもの、法的状況におけるものなどがありうる。

無為

アガンベンの著作のなかには、停止状態に至らされている弁証法的対立物の例が多くある。ここでは、その一つである人間と動物の区別という例に焦点を合わせることにする。これは彼にとって決定的な対立である。なぜならば、この区別は動物的な「他者」と私たちとの関係を下支えしているだけでなく、人間のいくつかの性質を生得的なものとして規定し、もしくは自然化し、それによってそこに内属している権力関係を覆い隠して人間という概念を導いているものだからである。小著『開かれ』の冒頭で、アガンベンはある弁証法的イメージを提示している。十三世紀のヘブライ語聖書に見られるその細密画では、審判の日の後の義人たちが動物の頭部をもつものとして表象されている。この不明瞭なイメージを用いて彼が検討しようとしているのは、西洋思想の「人間論的機械」がいかに、人間的なものを動物的なものに対してつねに特権化しようとしてきたかである。いわく、ホモ・サピエンスを非常に人間論的に定義すれば、「人間の認識を生産するための機械ないし仕掛け」(Agamben 2002 a, 34〔五四〕)となる。アガンベンによれば、この機械は排除すると同時に包含するのでなければならない。その機械は、人間的なものと非人間的なものという二者、人間と動物という二者を対立関係に置くのではなく、両者をともに定義づけようとする同一の論理によって支配されるものとする。これは少しばかり斜《はす》に構えた話に見えるかもしれないが、第四章で、これと同じ排除的包含の論理に支配されている彼のホモ・サケルという形象を検討すれば、議論はよりはっきりするだろう。

ただし、ここで指摘しておくべきは、人間の生と動物の生というこの二項対立の機械は厳密にはそのいずれを産出するわけでもないということである。この機械はその代わりに、剝き出しの生という第三の生の形式を産出する。この剝き出しの生は当の機械を不安定にするものである。ここで重要なのは、人間と動物という分割を超えて置かれることになる第三項をアガンベンが弁護しているわけではないということである。ここで彼が援用しているのが停止状態という概念である。「それは、人間が自然を支配しなければならないということでも、自然が人間を支配しなければならないということでもない。ましてや、弁証法的総合を表象するような第三項において両者が乗り越えられるべきだということではない。むしろ、「停止状態にある弁証法」というベンヤミンのモデルにしたがえば、ここで決定的に重要なのはただ「……のあいだ」ということだけ、つまり二項間の合い間というか、ほとんど両者間の遊隙といったもの、両者が一致しないことの内に瞬時に形作られる星座だけである」(A 2002 a, 85〔一四四〕)。ただし、アガンベンは続けて「もしかすると、これに対して私たちは名をもっていないのかもしれない」と言っている。このようなばあいにおける彼の問いは、どのようにすれば機械を「働かなくさせる」ことができるか、となる。言い換えれば、どのようにすればこの「あいだ」なるものを同定したり、これに注意を払ったりすることができるか、ということである。動物的な生と人間的な生のいずれを選ぶかということが問題なのではない。機械を無為化しよう、機械の作動を停止させようと企てることが問題なのである。

「機械」のこの停止に関しては、私たちがこれから何度も出会う、鍵となる用語がある。それは「無為 (inoperativity)」、イタリア語では「inoperosità」である。この用語はより文字どおりに翻訳すれば怠惰、活動のなさとでもなるが、このいずれの意味も、活動に対する潜在力をともなう奇妙な受動性という意味を伝えてはいない。この用語に近い訳語としてはフランス語の「désœuvrement」がある〔両者はほぼ同義〕。これはアガンベンが『開かれ』で、それから『残りの時』であらためて、「inoperosità（無為）」とともに用いている用語である。よく知られているとおり、この用語は怠惰という意味もあるが、翻訳が難しい（Franchi 2004を参照）。戦後哲学におけるこの用語の使用は、一九五〇年代にその意味について議論したコジェーヴとジョルジュ・バタイユにまで遡る。それから、これはフランスの小説家・哲学者モーリス・ブランショによって用いられた。「désœuvrement」の英語訳については、ブランショの『明かしえぬ共同体』にピエール・ジョリスが寄せた序文においてさらに議論がなされている。このフランス語の「désœuvrement」の意味を正確に伝える英語の単語はない。ジョリスは少しばかりふざけて、「英米文化の清教徒的衝動が、働きの不在という概念に結びつけられるべき肯定的、能動的な共示の可能性そのもの」（Joris 1988, xxiv）を妨害しているのではないかと指摘している。この単語「désœuvrement」は見てのとおり「œuvre（作品）」の逆転だから、それが指すのは非作品、非労働、惰性、労働の欠如であるように思われる。『フランスのヘーゲル』でブルース・バウは、バタイユによるシュルレアリスム論に登場するこの用語を「ないものとする詩的行為（poetic undoing）」（Baugh 2003, 76）と翻訳している。私の思うに、「désœuvrement（無為）」がまさしく文学という形を取るということを見失わずにいることが重要である。ただし、ジャン＝リュック・ナンシーとアガンベンによれば、「désœuvrement」のまさしく「政治的」な形式というものもある。ナンシーは次のように述べている。「共同体は、ブランショが無為（désœuvrement）と呼んだものにおいて必然的に生起する〔……〕。共同体は特異性が中断されることによってできている。もしくは、特異な存在たちが宙吊りであって、共同体はその宙吊りによってできている。共同体はそれらの者たちの働きではないし、共同体がそれらの者たちを自らの働きとしているわけでもない。ましてや交流が一つの働きであるわけでもなく、交流は特異な存在たちのなす作用でさえない〔……〕。交流とは、社会的、経済的、技術的、制度的な働きの働かなくなること（unworking ; désœuvrement）である」（Joris 1988, xxv ; Nancy 1990, 78–79〔五七—五八〕）。この一節は連想に充ちており、私たちはここから、アガンベンが一九七〇年代にイタリアにおけるアウトノミア運動ともっていた関係のことを考えてしまうかもしれない。だが、この一節から私たちが考えることができるのは、働きが支配的・覇権的な形を取ったものがいかにしてないものとされうるかについて、またそれをないものとする政治的可能性についてである（ここで「働き」というのは労働ではなく、諸個人よりもシステムに適用されうる生産・制作・活動としての働きという、より一般的な意味のものだと考えなければならない）。

「無為」という用語の意味はこのように増殖していくが、そのような意味のすべてが指し示しているのが、能動性と受動性のあいだの緊張状態である。この緊張状態はアガンベンにとって鍵となるものである。彼は「désœuvrement」を無為と並べることによって、この用語には両義性があると指し示し、そこには活動と非活動の両方の潜在力があると指し示しているように見えるかもしれない。ただし、彼自身の著作の外から「無為」の具体例を挙げることは問題をはらんでいる。「無為」という用語を、一九七〇年代のイタリアにおける労働者運動に由来するもの、あるいはまた一九六八年五月〔フランス五月革命〕におけるシチュアシオニスト・インターナショナルの政治に由来するものと見なしたい誘惑はたしかにある。だが、先に進むにあたっては注意深くなければならない。彼の著作は歴史家による著作ではない――それは彼が「パラダイムとは何か?」で明確化しているとおりである(A 2002b)。彼は「現実の」歴史的審級を粗述したり同定したりすることについては口が重い。彼の著作における「例」はそれよりもはるかに、哲学的・政治的・宗教的なテクストから生じているように思われる。序で、また本章で強調したこの方法論が特有なものであることにはさまざまな理由がある。ただし、けっして現勢力へと移行することなく内在を保持する無為というものが重要とされているという点には留意しておくべきである。

潜勢力

無為の非労働ないし働かなさと密接に結びついているのが、アガンベンにおける潜勢力というテーマである。簡単に言えば、潜勢力とは、人が何かをなすことがつねにできるとして、その何かをなすかなさないかはそれとは別の問題だという原則のことである。なすことができるという潜在力となさないことができるという潜在力のあいだに宙吊りにすることは、権威形式・制御形式を混乱させることができる。そのやりかたを粗述するために、彼は潜勢力の哲学的歴史を探っている。まず、アリストテレスは潜勢力を現勢力に対置して定式化している。これは、西洋思想において怖ろしいほどの重要性をもってきた対置である。アガンベンが指摘しようとしているのは、潜勢力は二つの形を取るということである。その一方は、「地球全体にその権力を押しつける」(A 1999 b, 177) 苛酷な動きを統べている、人類にとって鍵となっている駆動概念である。だが彼は、アリストテレスには二種類の潜勢力があるということを注意深く粗述している。類的潜勢力と種的潜勢力がそれである。類的潜勢力は私たち全員に適用される。子どもは言語を獲得する潜在力をもっている。種的潜勢力は、何かをなすことができるという潜在力を可能にする一連の特定の属性/技能をもっている者に関わるものである。建築家は建築できるという潜在力をもっている。違いは、子どもはもともとはもっていない機能を獲得し、変成しなければならないのに対して、技能をもっている者のほうはその技能を用いることができるという潜在力をもっているということだとアガンベンは書きとめている。つまり、類的潜勢力とは何かをなすことができるという潜在力であるのと同じく、その何かをなさないことができるという潜在力、つまり現勢力へと移行しないことができるという潜在力でもある。類的潜勢力と種的潜勢力の分割をさらにもう少し敷衍して彼の言語論へとあらためて引きつければ、何かをなさない、現勢力へと移行しないという、力動的な力を見はじめることができるだろう。彼が指摘しているとおり、言語とは私たちが進んで獲得しうるような何か、私たちが本性上住まっているような何かではない。言語とは私たちが引き受けなければならない何かである。つまり、言語をもっているということは一般的なものではあるが、言語使用は種的なものの王国へと入りこむ。語ることを拒否したり、何も伝えさせないような、無為化するようなやりかたで言語を用いたりすることは完全に可能である。アガンベンによれば、人間とは何かを定義づけるのはまさにこの無為、つまり非の潜勢力である。彼は次のように述べている。

> 他の生きものに可能なのは種的潜勢力だけである。それらはただ、これこれやしかじかをなすことができるだけである。だが、人間は自らの非の潜勢力が可能な動物である。人間の潜勢力の偉大さは、その非の潜勢力の深淵によって計り知られる。(A 1999 b, 182)

アガンベンはこの潜勢力を象徴する一つのイメージを提示している。何も書かれていない書板としての思考、というのがそのイメージである。セビーリャのイシドルスは、アリストテレスが「ペンを思考のなかに浸していた」と描写している。これは『霊魂論』における、「現勢力という状態にあっては何も書かれていない書板のような」という「ヌース（知性）」のイメージに呼応している。このイメージの重要な特徴は、思考とは何か特定のものではない、それは具体的な形にされることがけっしてない、現勢力に移行して静的になってしまうことがけっしてないということである。書きもの《エクリチュール》とのこの結びつきは偶然ではない。この結びつきは本書の前章に対して直接語りかけるものである。そこでは、他ならぬ書きもの《エクリチュール》自体を表現するというのがすべての書きもの《エクリチュール》のねらいだということがはっきりした。ただし、ここで意味されているのは表現だけではないし、言語の不在でもない。そこで、言語は次のような逆説に囚われる。どのようにして言語は、意味を通じてではないしかたで言語自体を表現しうるのか、という逆説である。この逆説に対する回答は、潜勢力の二重否定という形を取る。アガンベンは次のように述べている。「潜勢力自体に向きなおる潜勢力とは絶対的な書きもの《エクリチュール》、誰も書かない書きもの《エクリチュール》である。それは、書かれないことができるという自らの潜勢力自体によって書かれた潜勢力、自らの受容性自体によって刻印されたタブラ・ラサ、自ら書かないということをしないことができるタブラ・ラサである」（A 2005 a, 360〔四三八〕）。書きもの《エクリチュール》とは、あるいはより広く言って言語とは、このような逆説に対して注意を惹くことに関わるものである。それは、交流自体という幻影を通じてではなく、むしろ意味の不在や交流の交流といった一連の不在を通じて言語を示すことに関わっている。

潜勢力は現勢力へと向かう運動において「無化」されるのではなく、現勢力において救済される。それは、つねになすことができる、またなさないことができるという潜勢力として残ることができる、とアガンベンは結論づけている。この非／潜勢力の原則が意味しているのは、彼の視点からすれば静的な状態、固着された状態にとどまるものは何もないということである。最も偉大な潜勢力は流動的・力動的なものにとどまらなければならない。ジル・ドゥルーズの用語法を借りるならば、それは「生成」プロセスにありつづけなければならない。この潜勢力とはどのようなものか？　アガンベンが何度も立ち戻る、潜勢力の模範となる中心的形象は、ハーマン・メルヴィル（一八一九―一八九一年）の短篇小説に登場するバートルビーという筆生である。バートルビーはウォール・ストリートの法律事務所で筆生として働いている。書類を筆写するのとは別にいくつかの作業（照合、郵便局への使いなど）を引き受けるよう頼まれたとき、彼は「しないほうがいいのですが」と応える。この回答は雇い主を激怒させるが、バートルビーは、どれほど筆写以外の作業をおこなってほしいと懇願されようとも、変わることなく同じ返答をする。物語が進むと、彼は筆写をすることとさえ拒否しはじめ、雇い主（彼が法を象徴する者だということは重要である）を仰天させる。雇い主は自分の事務所を離れ、他の建物に引っ越す羽目になる。バートルビーが同じ場にいるのを新たな入居者が見つけ、事務所から出て行くように言うが、彼はまたも「しないほうがいいのですが」という文言を繰り返す。結局、彼は浮浪者として逮捕されて監獄に入れられるが、そこでも彼は、食べることなど「しないほうがいい」と言う。物語の終わり近くで、語り手は私たちに、バートルビーが死んだと報告することになる。

　重要なのは、バートルビーの回答が拒否ではないということである。それは単に「……ほうがいい」という好みである。仮に望むならば、彼はその作業を引き受けることもできた。だが彼はそうしないほうがいいという好みを示す。ここで思い起こしておきたいのは、無為は公然の破壊にではなく、働かなくさせることに関わっているということである。彼の好みは、法の構造を働かなくさせることに密接に関わっている。結局、彼は書くことをいっさい拒否してしまう。彼が引き受ける活動は何もない。彼は雇い主を仰天させ、雇い主のほうが事務所から出て行く羽目になるが、バートルビーは残り、彼の頑固な好みは彼が浮浪者として排除され、監獄に入れられるまで続く。「バートルビー偶然性について」という論考でアガンベンは、バートルビーの回答は潜勢力の縮図だと指摘している。先述の潜勢力論を思い起こせば、それは何かをなすことができる潜在力であると同じく、その何かをなさないことができる潜在力でもある。アガンベンが述べているとおり、「これほど頑固に反復される定式は、できることと欲することのあいだに関係を構築する可能性をすべて破壊してしまう［……］」。これは潜勢力の定式である」（A 1993, 61–62〔四二〕）。バートルビーという形象を通じて、アガンベンはこの哲学的主張が何に「似ている」かの比較的率直な例を私たちに提示しえている。彼は、文学の「実験」に向かうことによって潜勢力を描き出そうとしている。アルネ・デ・ブーヴェルが指摘しているとおり、私たちはバートルビーの「しないほうがいいのですが」を「無為力」の指標として読むことができる。無為力とはつまり、服従することも拒絶することも拒否し、それによって権力の機能を混乱させる能力のことであって、この能力はアガンベンの著作群を貫いている。これらの文学的形象によって保たれている場は、第五章で彼のカフカ論を細かく検討するときにさらにはっきりする。ここでは次のことがきわめて重要だと言っておけば足りる。すなわち、バートルビーの発言が両義性を保持しており、それが、まったくの異議をも（処罰と訴訟によって）許容しうる法の世界の論理を混乱させるべく働くということである。法の世界の論理は、法によって操作されるべき当の対象となる現勢力への移行において潜勢力が立ち往生するとき、荒廃させられる。

メルヴィルの物語の終わりについて考えてみるのは価値のあることかもしれない。そこで語り手は、バートルビーがワシントンの配達不能便係《デッド・レター・オフィス》で働いていたことがあるという報告を耳にする。語り手は、この独特の役割こそ彼の激しい好みをもたらしたのではないかと考えをめぐらせる。「生まれつきもあり、不運もあって、蒼白な絶望に陥りがちな男を一人、想像していただきたい。そのような死んだ手紙をたえず取り扱い、仕分けして火にくべていくことほど、絶望を助長するのにぴったりの業務があるだろうか?」(Melville 1987, 45〔一五九〕) バートルビーの行動を病理学的に理解しようとする語り手の最初の企ては的外れだとアガンベンは書きとめている。彼によれば、潜勢力の論理を下支えしているのはバートルビーの最後のイメージである。

> 折りたたんだ紙片から、蒼白な局員が指輪を取り出すこともある――指輪をはめるはずだった当の指は墓のなかで土にかえるところかもしれない。迅速きわまる慈善によって送られた銀行券のこともある――それによって救われるはずの当の人物は、もはや食べることも飢えることもない。絶望の内に死んだ人々に宛てられた赦しのこともある。希望もなく死んだ人々に宛てられた希望のこともある。救いのない惨禍に息を詰まらせて死んだ人々に宛てられた良い便りのこともある。生の告知のはずが、これらの手紙は死へと行き急ぐ。(Melville 1987, 45〔一五九〕)

潜勢力はなさないことができる潜在力につねに関わっているが、書板というイメージのことを考えれば、それは書かれないことができるという潜在力にも関わっていると言える。配達不能便係《デッド・レター・オフィス》は潜勢力を考えるうえで示唆的である。配達不能便《デッド・レター》〔死んだ手紙、死文〕とは送り届けられなかった手紙だが、この「届かなかった手紙が、存在しえたが実現しなかった幸福な出来事の暗号であるということを、これ以上はっきりと示唆することはできないだろう。現実のものとなったのは正反対の可能性である」(A 1993, 82〔八〇〕)。それゆえ、「この意味で、手紙はつねに「死んだ手紙」なのだ」(A 1993, 82〔八一〕)。この意味でバートルビーは、起こりえたことにではなく、一度も起こらなかったことに関する潜勢力をしるしづけている。このことはバートルビーを「新たなメシア」としてしるしづけるが、それは「イエスのようにかつて存在したものを贖うためにではなく、かつて存在しなかったものを救済するために」(A 1993, 83〔八二—八三〕)到来する者である。第七章で見るとおり、アガンベンによるメシア的なものの理解における救済とは、過去への回帰に関わるものではけっしてない。それは、一度も起こらなかったことを、それが「贖われないがゆえに」(A 1993, 85〔八二—八三〕)救済しようとする企てなのである。

到来する共同体

なすこともなさないこともできるという潜勢力は、アガンベンが「到来する共同体」と呼ぶものの実現の基礎になる。到来する共同体は、彼の思想にとって目指すべき「地平」に見えるかもしれない。だが、潜勢力論において明らかになっているとおり、彼の思想にはいかなる「目的」も、いかなるテロスもない。あるのはただ、潜勢力の可能性にとっての条件だけである。その潜勢力とは手段の一形式であって、それはけっして目的を求めて現勢力へと移行することがない。「到来する共同体(comunità che viene)」というイタリア語を細かく見てみることが理解の役に立つかもしれない。「che viene」を「coming(到来している)」と翻訳することは次のような問題を生む。英語では、「coming」というのは「到来する(come)」という動詞によって示される行動だが、これはまた明瞭な時制をもたない分詞でもある。それは、「到来している〔こんどの〕夏は湿っぽいだろう(The coming summer looks to be wet)」というように、近づくもの、接近するものを示唆することもあれば、「ジョニーは到来している〔来ることにしている〕(Johnny is coming over)」というように到来を示唆することもある。したがって、「coming community(到来している共同体)」は未来にあって、こちらに向けて近づいてくる共同体だという印象を与えるかもしれない。これでは、当の共同体を永続的未来性として捉えてしまうという誤読が生まれかねない(ここで、脱構築を「無限の繰り延べ」と見なす彼による批判のことを考えるべきである)。「viene」というのは、動詞「venire(来る)」の直説法現在三人称単数であり、「che」というのは関係代名詞である。したがって、より正確な英語のタイトルは、ぎこちないかもしれないが「the community which/that comes(到来する共同体)」となる。これならば、いかなる未来的含意も避けた、現在時制を捉えたものとなる。彼によれば、この共同体はつねに到来プロセスにあり、現在時においてここにあるものだが、その潜在力が捉えられてこなかった。だとすれば、「到来する共同体」というのは存在の集合的潜勢力の参照法、というか命名法だということになる。人間にとってのありうべき所属形式である「到来する共同体」は、彼が「エートス」と名づけている住まいかたを帰結する。だが、この到来する共同体なるものは「前提化不可能」である。それはいかなる現実の属性も具体的条件ももたない。そのような属性や条件を立てる代わりに、彼はこの到来する共同体に関してさまざまな言明を提供している。それらの言明から明らかに示されるのは、この到来する共同体は私たち自身のこの時代の逆説や問題から立ち現れてくるものだということである。到来する共同体は、私たち自身の混乱した文脈に対して内在的なものであって、それをユートピア思想が一つの形を取ったものだとか、私たちの切望すべき未来の思想だなどと見なすべきではない。

共同体概念は何らかの所属形式を示唆する。一般的には、共同体は何かの属性を共有する一群の人々がいっしょになって緩い集合体を形成しているものとして理解される。「アカデミックな共同体」「ユダヤ共同体」「フットボールの共同体」などがそうである。それらの人々が実際に互いに知りあいだというのは非常に稀だが、共有されていると想定されるアイデンティティないし共通の性格によって人々は一まとめにされる。それに対して、新たな共同体モデルを形成することになる「到来する存在」は、所属していること自体を除けば、何への所属をも欠いている。アガンベンが「何であれの存在」と呼ぶこの存在は、それ自体を除けば何にも所属しない。それはいかなる形式のアイデンティティももたないし、集合的存在の部分集合へと縮減されてしまうこともない。そこにあるのは、いかなる属性付与を受けることも拒絶するということである。ここで彼は、到来する共同体における非アイデンティティという形式を捉えるには「例」が理解の役に立つだろうと指摘している。「例は個別的でも普遍的でもない。それはいわば自らを例として見えるようにする、自らの特異性を見せる特異な対象である」(A 1990 [2001], 14〔一八〕)。例となりながらも、それは一つの共同体に取りこまれえない。それはつねに「それ自体の脇に」、「いかなる共通の特性によっても、いかなるアイデンティティによっても結びつけられることなく」存在する。重要なのは、例に形式が欠けているということである。これによってまさに、彼のいう共同体とそれを作りあげる何であれの存在とがなぜ「前提化不可能」でなければならないのかの説明がつくからである。何らかの属性を与えられたならば、それは即座に所属概念へと回帰してしまい、「個の言いえなさと普遍の可知性のあいだで選べ、と認識に対して無理強いしてくる」ことになる。それに対して、到来する存在とは「あるがまま」(A 1990 [2001], 9〔九〕)である。ありふれた所属形式に対して「無関心」をもって存在し、アイデンティティの特異性にも、また普遍主義の空虚さにも陥らずにいること。これが、到来する共同体の先触れとなる存在の条件である。

前提化不可能だということで、到来する共同体は捉えがたいものとなるかもしれない。何かの活動を指して、「そう、これは到来する共同体を表象している」などと言うことはできない。それゆえ、直接的な政治的行動を例に挙げることは、それがいかなる例であれ問題をはらむ。

だがここで、共同体と交流のあいだの関係に目をやることは役に立つかもしれない。アガンベンの指摘によれば、現代のグローバル資本主義が置かれている条件は、この共同体の到来をかつてないほどに単なる可能性以上のものにしているという。彼はこの共同体に「非本質的共同体、けっして何らの本質とも関わりをもたない集い《つど》」という形容を与えている。「諸々の特異性が延長という属性において生起して伝えることは、それらの特異性を本質へと一まとめにするのではなく、それらを実存において撒き散らす」（A 1990 [2001], 20〔三〇〕）。彼が指摘しているように、共同体もまた、ある交流形式に関わるものである。私たちがこの到来する共同体の基礎を見て取ることができるのは、交流可能性の水準においてなのかもしれない。到来する共同体の言語は、あるいはさらに重要なことには到来する共同体の交流は（交流は言語的なものである必要はないだろうからである）、意味を伝えたり何かの価値へと語りかけたりする言語や交流ではなく、交流可能性自体を伝える言語や交流である。言語と共同体のあいだにある支配的関係とは、ある人々の集団が仲間だという感じを生むためには共通の言語を共有しなければならないという関係である。これは国民国家の誕生と結びついている、また「権力言語」の出現と結びついている近代的な考えかたである。方言や俗語を「仲間だという感じ」の言語へと変える必要があった。その言語とはつまり、互いにごくわずかな共通性しかもたない、あるいはいささかも共通性をもたない「連合物《ユニオン》」〔イギリス〕のまちまちな部分を一つにまとめる手段としての、標準化された英語のことである。このことをよく示しているものとして、ジョン・スチュアート・ミル（一八〇六―一八七三年）が一八六一年に言語と国民性の重要性について述べていることを取りあげてもよいかもしれない。そこで自由主義の大哲学者ミルは、統治の第一水準においてどれほど言語が鍵となるかを粗述している。「互いに異なる諸民族によってできあがっている国では、自由な諸制度はほとんど不可能である。仲間だという感じを互いにもたない人民のあいだでは、それもとくに彼らが互いに異なる言語を読み、話しているばあいには、代議制統治が働くにあたって必要となる統一された世論は存在しえない」(Mill 1977, 547〔三七六〕)。アガンベンの著作は、言語と近代的な意味での政治概念とのあいだに相互的関係があることを認めている。「じつのところ、私たちは人民とは何か、言語とは何かについていささかも考えをもっていない〔……〕。にもかかわらず、私たちの全政治文化はこの二つの概念を関係づけることに基礎を置いている」(A 1996 a, 56〔七〇〕)。アガンベンは、人民概念にはもはやどのような実体もなく、それはいまや単に「国家のアイデンティティの空虚な支持体」(A 1996 a, 57〔七一〕)になっていると指摘している。彼の結論は、そのような言語は「言語の純粋な経験」を覆い隠すべく働く「隠語」だということをあらわにしている。この純粋な経験こそが新たな共同体の基礎、その交流可能性の基礎となる。

ここで、アガンベンによる「到来する共同体」の理解にとって、さらに一般的に言って彼の政治理解にとってギー・ドゥボール(一九三一—一九九四年)が果たしている重要性について指摘しておくべきである。シチュアシオニスト・インターナショナルという前衛運動の「リーダー」でもあるこの政治理論家ドゥボールには、第五章で映画について議論するときに立ち戻ることにする。ドゥボールは戦後資本主義を「スペクタクルの社会」と呼び、これを掘り崩そうと企てている。その俗的な企てはアガンベンの著作に影響を及ぼしているものの、しばしばその影響は正当に認識されていない(Murray 2008を参照)。ドゥボールは、スペクタクルが私たちにもたらすのは自由と選択の幻想だけだと指摘している。私たちはそのなかに入りこむが、私たちはそれを変革する手段をごくわずかしか、あるいはまったくもっていない。スペクタクルは私たちを脱主体化すべく働き、その網羅的論理におとなしく従うよう強いる。ドゥボールが指摘しているとおり、「それ〔スペクタクル〕は人間の活動を逃れ、人間の働きの再検討・訂正を逃れるものである。それは対話の反対物である」(Debord 1992, 9 [§ 18]〔二一〕)。スペクタクルとのあいだにはどのような「対話」の可能性もない。このことはドゥボールにとってもアガンベンにとっても、スペクタクルとのあいだにはどのような交渉もありえないということを意味している。『「スペクタクルの社会に関する註解」の余白に寄せる註釈』でアガンベンが述べているとおり、「ドゥボールの本はいずれも、今日地球全体に支配を拡げている社会——私たちの生きているこのスペクタクルの社会——の悲惨と隷従に対する最も明晰な、最も厳しい分析となっている」(A 1996 a, 60〔七五〕)。地球規模で拡がっているプチ・ブルジョワジーに対するアガンベンの批判はドゥボールに向けて、またドゥボールの次の断言に向けて直接語りかけている。「この「世界のなかに真理を設立するという歴史的使命」を遂行しうるのは、孤立した個人でも、操作に服従している原子化された群集でもない。やはり相変わらず、全階級の解体たりうる能力をもつ階級こそが、これを遂行しうる〔……〕」(Debord 1992, 168 [§ 221]〔一九七—一九八〕)。この階級のない階級は、アガンベンのいう到来する共同体と類比的なものと見なされなければならない。

本書の序で指摘したとおり、アガンベンは、現在の変容は現在に対して内在的なものだと見なしている。到来する共同体の内在的到来を、現代は抑制したり妨害したりするわけではない。その到来は、現代によってこそ可能になる。無為について見たとおり、システムを働かなくさせることこそがシステムを乗り越えることを可能にする。彼によれば、「地球規模のブルジョワジー」の支配こそが、到来する共同体の特異な存在を作り出すことで「人類史においても未聞の機会」を作り出した。地球規模のプチ・ブルジョワジーが示唆するのは次のことである。かつてあったような形での階級闘争はもう終わった。私たちに残されているのは単一の階級だけである。それが、さまざまな形の社会的アイデンティティを消し去ろうとし、さまざまな形を取るかつてのアイデンティティの幻想が破壊されることへと導いた。

この地上に代わるがわる現れてきた人民や世代の真理と嘘は、言語、方言、生活様式、性格、服装の違い、そして何よりもまず個々人の身体的特徴自体によって構成されている。こうしたことのすべてが彼〔プチ・ブルジョワジー〕にとってはあらゆる意味を失い、あらゆる表現能力、交流能力を失った。プチ・ブルジョワジーにおいては、世界史の悲喜劇をしるしづけてきたものが、幻影劇のような空虚さのなかであらわになり、まとまっている。（A 1990 [2001], 51–52〔八一―八二〕）

局所化された所属形式が取り除かれたり、均質でグローバルな文化が作り出されたりすると、過去が破壊されているとしてこれを非難する者がしばしば出てくる。この状況に対する一つの回答は、さまざまな形を取る地域主義や国民アイデンティティ、民族的慣習や地域方言へと回帰するというものである。これは過去の「偽のアイデンティティ」を保護しようとするものである。いまや明らかなはずだが、アガンベンは起源への回帰を定立したり、過去を何としても価値づけたりするような思想家ではない。「自らの破壊に向かって」(A 1990 [2001], 52〔八三〕) いる人類の顔に、彼は「アイデンティティのない特異性」の可能性が現れてくるのを目にする。しかしながら、到来する共同体の出現は当の共同体のなかでおのずと起こるような何かではない。その出現はもちこまれなければならない。彼が著作を通じて何度も私たちに思い起こさせているとおり、それこそが「私たちの世代の政治的任務」(A 1990 [2001], 53〔八四〕) なのである。

要約

アガンベン思想の基礎となっているのは言語と形而上学的問題に関する哲学であり、それはさまざまな形を取る否定性に焦点を合わせている。だが、彼の思想はそこから拡張されていく。それは、当の思想によって同定されたさまざまな逆説に対して挑む、より「生産的」な形式を考察するものとなっている。私たちはそのことを、彼が二項的システムの「無為」を露呈させようと企てる様子を通じて見て取ることができる。この「中断」という形式はベンヤミンの著作から引き出すことができるものである。ベンヤミンの著作は、弁証法的に対立しあう諸項間の緊張状態が最も激しくなる諸点を同定しようと、ある程度まで試みた。そのベンヤミンからアガンベンもまた提示法を採用している。そこで採用されているのは、作品に対して内在的だが表現されていないものとしての「真理」を見て取る文体論である。この意味での内在は、人はなすこともなさないこともできるという潜在力をもっているとするアリストテレスによる潜勢力概念のアガンベンによる用法のなかにはっきりと見て取ることができる。アガンベンは、潜勢力は「到来する共同体」の核心にあると指摘している。彼の示唆している非アイデンティティという形式は、現代の諸逆説のなかから立ち現れうるものである。私たちは、「無為」の政治に関する、また到来する共同体に関する彼のヴィジョンを粗述することで、政治を再考するための可能性が彼の思想によって提供される様子をさらにはっきりと見て取ることができる。

第四章　政治――剝き出しの生と主権的権力

本書の序で指摘したとおり、アガンベンの著作に国際的名声をもたらしたのは主に、「ホモ・サケル」という名で知られる一連の著作である。『ホモ・サケル　主権的権力と剝き出しの生』、『アウシュヴィッツの残りのもの』、『例外状態』、そしてまだ英語訳されていないが『王国と栄光』がそれらの著作にあたる（『王国と栄光』の英語訳もその後刊行された）。これらは、近代の生の「生政治的」本性と彼が呼ぶところのものが西洋の法的・政治的伝統において立ち現れてくる様子をたどり、それによって当の生政治的本性を探る著作群である。本章では、『ホモ・サケル』を下支えしている政治的なものに関する複雑な批評をたどるが、同時に、この「政治哲学」論が彼のそれ以前の言語論とどのように結びついているかを検討する。彼によれば、西洋政治の伝統は生をゾーエー（生きているという生物学的事実）とビオス（政治的な生、形容を付されている生）という二つのカテゴリーに分割している。この分割プロセスは「剝き出しの生」の産出を導くものとされている。剝き出しの生とは二つのカテゴリーの「あいだ」のことである。この「あいだ」が政治の限界点をしるしづける。このような議論によって、彼は西洋民主主義の諸原則そのものを問いただす。この批評は、「対テロ戦争」やグアンタナモ湾キャンプ・デルタでの「生政治的」実践や「例外空間」の出現をまってはじめて力を獲得した。

アガンベンとフーコー

主権的権力に関する、また剝き出しの生の場の分節化に関するアガンベンの批評を理解するためには、「生政治」という用語について、またより一般的にフーコーの著作について、簡単な導入を提示しておく必要がある。アガンベンはこの「生政治」という用語（「生権力」という用語としばしば互いに取り替え可能である）をフランスの哲学者・歴史家ミシェル・フーコー（一九二六―一九八四年）から取ってきている。フーコーは戦後フランスの最も有名な知識人の一人である。健康、セクシュアリティ、監獄システムに関する彼の本は社会科学・人文科学を通じて大きなインパクトを残した。フーコーとアガンベンの関係は、すでに見たアガンベンとベンヤミンの関係、アガンベンとハイデガーの関係と同じく複雑である。ハイデガーとベンヤミンがアガンベン思想に「基礎づけ」のようなものを提供しているのに対して、フーコーは方法論をめぐる諸問題を提起するにあたってそれと等しく重要な場を占めている。比較的最近のことだが、方法論に関するアガンベンの諸論考が刊行された(これは考古学、パラダイム、「装置(dispositif)」といった用語を扱っている)。その諸論考はフーコーの著作を直接的に参照している。この諸論考に関して少しばかり議論しておくことは、アガンベンとフーコーの関係を明らかにするのに役に立つだろう。

フーコーの著作は思考のシステム・構造の探査と関わっている。この探査は認識論とも呼ばれる。認識論とは、私たちはいかにして知をもつのかということを探る哲学分野である。初期フーコーの著作は、知の組織が時代によって移行・変化していく様子を体系的に論じている。したがって、そこでねらいとされていることは、社会の政治システム、戦争や紛争、勝敗といったものの分析を通じて社会の歴史を筋書きとして組み立てることではない。社会がいかに知を生産するのかという点に関する「より深い」理解を見て取ることがねらいとされている。フーコーは「ニーチェ・系譜学・歴史」という論考で、この認識論というプロセスが、いかに由来をたどるだけでなく、現在を一連の移行・変化・痕跡によって産出されたものとして探るものであるかを粗述している。

それ〔系譜学〕は、これこれの種の進化や、しかじかの人民の運命といったものに似たような何ものでもない。そうではなく、由来の複雑な流れをたどるということは、起こったことを起こったことに固有な散乱した状態のまま維持するということである。現に存在する、私たちにとって価値のあるしかじかのものを生み出すことになったのは事故、些細な逸脱――あるいはそれどころか完全な裏返り――、誤謬、評価の誤り、計算間違いといったものであって、系譜学とはそのようなものを標定するということなのである。私たちの認識対象の根や私たちの根にあるのは真理や存在ではなく事故の外部性であるということを発見すること、これが系譜学である。

(Foucault 1994, 141〔三五九〕)

フーコーによれば、重要なのはこの探査が「起源」を探し求めることに関わるものではないということである。それは、もはや見えなくなっているものの痕跡において複雑な歴史的連関をあらわにしようとする企てなのである。この企てによって、私たちが私たち自身を理解し知るこの現在のシステムがどのように展開されたかが目に見えるようになった。その展開はいまや、きわめて問題をはらんでいるように見える。だとすれば、系譜学は現在の状態を探ることに関わっているということになる。つまりそれは、現在の状態の展開を理解しようと企てること、その支配的論理に対して挑もうと企てることに関わっている。この系譜学的方法には考古学という名も与えられている。「系譜学」と「考古学」は、フーコーの著作内では明瞭にではないにしても区別されているが、アガンベンは両者をしばしば区別なく用いている。

アガンベンによる政治理解の文脈において、私たちはこの系譜学的方法の価値を見て取ることができる。権力と政治のあいだの関係に関する伝統的な考えかたは、この両者は権威と制御の法的・制度的な使用と関わっているというものである。権威と制御は同定可能な制御の出力部――警察、軍、司法など——をもつと見なされている。つまり、権力は可視的なものであって、通常、それは処罰やセキュリティに結びつけられている。均衡が脅威にさらされると国家は権力を行使するというわけである（市民の動揺を抑えるべく展開される軍や、セキュリティを維持するために犯罪を予防しようとしてテロリストを監視する情報機関のことを考えることができるだろう）。フーコーによれば、このようなありふれた権力理解では、近代政治が私たちの生活の全局面に侵入し、私たちの身体を意のままにすべく制御・操作の諸技術を用いるようになっている様子を考慮することができない。権力とは単に、市民の動揺やその潜在力に対してなされる、可視的かつスペクタクル的な回答のことではない。権力とは制御の技術・テクノロジーの使用のことなのである。

「生政治」とは何か？

フーコーは一九六〇年代から七〇年代にかけて、『狂気の歴史』や『監視と処罰』〔日本語版では『監獄の誕生』〕といった著作において、それが権力・支配であるということが比較的明らかな権力形式・支配形式について探究を進めた。『狂気の歴史』は近代精神医学の展開を、『監視と処罰』は近代の刑罰制度の出現を探るものだが、これらは近代の権力形式を理解しようとする先駆的な企てだった。近代はそれ以前の時代とは異なっているというのがその主張だった。ところが、晩年になると彼はその分析を洗練・複雑化して、生権力を検討するようになる。フーコーがこの「生政治」という造語を最初に用いたのは『知への意志』においてである。そこで彼は、国家が近代政治においていかにして人口全体に対する制御を働かせようと企てたかを検討している。もはや、国家の安定を脅かす者を制御することが問題なのではなく、万人を制御することが問題となった。彼は、この権力が行使される座となっているのは身体だとした。彼が挙げている例は多い。その一つに、「領土国家」から「人口国家」への移行がある。彼が描写しているその移行以前に見られるのは、国内外の脅威を制御すべく力を用いることで領土を保護し、多くのばあいには領土を増大させようとする、主権的国家による企てである。この権力モデルでは、人々が税を納め従順でいるかぎりは、国家は人々のことを気にかけない。彼は次のように議論している。近代になると私たちは、国家が権力テクノロジーを通じて人口を制御しようと試みるモデルへと移行する。健康な人口は制御された人口である。学が制度化され、予防接種が用いられ、不健康な者の排除から疾病の治療・予防へという移行がなされる。このようなことが、権力が行使される座としての身体に関わる国家の到来をしるしづけている。ここで、観察とモデル化をおこなう社会科学を通じて人口を監視することは、さらに無害そうな見かけの、さらに狡猾な権力の使用を表象している。彼は次のように述べている。

人口として構成された生きものの集合に固有の、健康、衛生、出生率、寿命、人種などといった現象によって統治実践に対して立てられた諸問題を十八世紀以来、合理化しようと試みてきたやりかた［……］。それらの問題はしかじかの政治的合理性の内部で出現して先鋭化したのであって、それらの問題をその政治的合理性の枠から切り離すことはできないと私には思われた〔……〕。法権利の主体を尊重することと個人の決断を自由と見なすことに配慮する一つのシステムにおいて、「人口」という現象を、そしてその現象に特有な諸効果と諸問題を、考慮に入れるにはどうすればよいのか？　この現象を運営できるのは何の名においてなのか、どのような規則にしたがってのことなのか？

（Foucault 2004, 323〔三九一〕）

ここで重要なのは、フーコーにとってもアガンベンにとっても、権力は全面的に否定的なものであるわけではないということである。これらのテクノロジーは現実の利益をもたらし、それと同時に多大な悪をもたらす。フーコーが次のように述べているとおりである〔アガンベン『ホモ・サケル』に見られる文言で、フーコーからの引用とも読めるが、おそらく異なる〕。「生を保護する可能性と生のホロコーストを認可する可能性が〔……〕同時に出現する」（A 1995, 5〔一〇〕）。フーコーによれば、近代国家の示すこの生政治的本性はそれまでにない新展開である。だが決定的なのは、生政治は厳密に言えば近代だけのものではないとアガンベンが指摘しているということである。フーコーの説明によれば、古代ギリシア人は政治を人間の生から分離されたものと見ていた。政治は生という概念を問いただす。じつのところ、政治は「良い生」を追求するためには生を政治の圏域から排除しなければならない。フーコーによれば、生が政治的なもののなかに包含されたということこそが近代における政治的なものという概念を構成するのであって、このことがそれ以前の政治的伝統からのラディカルな転換をしるしづけているとされる。

生政治に関するアガンベンの説明は、フーコーによるこの説明に対する修正として提示されている。彼は『ホモ・サケル』で次のように述べている。

だとすると、フーコーのテーゼは訂正されなければならないか、少なくとも補足されなければならない〔……〕。決定的に重要なのはむしろ、例外が至るところで規則になっていくプロセスと並行して、もともとは秩序の周縁に位置していた剝き出しの生の空間がしだいに政治空間と一致するようになっているということである。そして排除と包含、外部と内部、ビオスとゾーエー、法権利と事実が、縮減されえない不分明地帯へと入って行く〔……〕。その境界がぼやけて不分明になるとき、そこに住んでいた剝き出しの生は都市のなかへと解き放たれ、政治的な秩序と葛藤の主体となり、またその対象ともなる。それは国家権力の組織の唯一の場であるとともに、国家権力からの解放の唯一の場でもある。（A 1995, 12〔一七―一八〕）

簡単に言えば、アガンベンの主張は次のようなものである。近代の生政治は西洋社会を下支えしている古典的な政治概念からの転換を表象するものではなく、排除的包含が明らかになる点の先触れとなるものにすぎない。生（ゾーエー）のカテゴリーは古典的な政治的な生（ビオス）の圏域から排除されていたわけではない。アガンベンは主権的例外化のほうへと向かう。それによれば、ある形象を政治的なものの圏域から取り除くことはつねに可能であって、私たちはそのように取り除くことが可能になっている様子を主権者ないし王という形象の内に見ることができる（王は臣民と同じ法や統制には従わない）。アガンベンは、この例外化は政治的秩序の端、主権者とはちょうど反対側にあたる端で働くと指摘する。そちら側の端ではポリスから市民を排除することが可能になっている。市民から政治的権利を取りあげて、もはやその市民を殺害しても違法ではなくなるというわけである。アガンベンがホモ・サケル（聖なる人間）として同定するこの形象こそが、政治のパラダイムである。アガンベンはこのようにして、ホモ・サケルという形象を通じて西洋政治の系譜ないし対抗的歴史を提示しえている。難民という近代の形象や強制収容所における被収容者は政治の限界点を表象しており、それらは私たちが「良い生」に到達しようと企てて用いている諸制度の未来を問いただすよう求めている、というのがアガンベンの指摘である。

ゾーエー、ビオス、剥き出しの生

アガンベンがホモ・サケルの説話をどのように語っているかを見る前に、『ホモ・サケル』における中心的用語の意味をはっきりさせておくことが必須である。その用語とはゾーエー、ビオス、剥き出しの生である。

ゾーエーとは、生きているということである。これは単に、実存のことである。人類も神々も動物も皆、ゾーエーを共有している――それは他から区別されることのない、生気あるものである。それはまた形容をもつこともない。このことはアガンベンにとって鍵となっている。ゾーエーは言語や共同体に先立って存在する。つまり、それは私たちの現れ出るもととなる実体である。

ビオスとは、お望みならば、そのゾーエーという実体から現れ出るものと言ってもよい。人間である私たちはゾーエーを超えた先へとおもむき、ビオスの圏域に達する。その圏域において私たちが構築する生は集合的な、形容をもつ生である。ビオスの空間となるのはポリス、つまり古代ギリシアの民主主義にまつわる諸概念の基礎となっていた集合的政治空間である。

重要なのは、アガンベンによればゾーエーは言語に先立つものであり、ビオスは言語的なものであるということである。本書ですでに見た言語論を思い起こせば、ゾーエーを声ないしインファンティアの王国の上に示すことができるだろう。アガンベンは、インファンティアは私たちの回帰しうるもとの状態だとは示唆していない。だとすれば私たちはなおのこと、ポリスを超えた先にある、ビオス以前の、政治に先立つ世界への回帰など望むことはできない。アガンベンが関心を寄せているのは、ビオスとゾーエーの分裂が――声と言語の分裂におけるのと同様に――いかにして、ある空間を産出するかということである。その空間とは、否定的空間であるとともに、否定的なものを働かなくさせることによってラディカルな潜勢力をもちもするような空間である。

剥き出しの生（イタリア語では「nuda vita」なので「裸の生」とも翻訳できる）とは、ゾーエーとビオスの分裂から産出されるもののことである。ゾーエーが剥き出しの生だというわけではない。両者は似通って見えるし、アガンベンのテクストのなかで混用されているように見えることもあるが、両者のもつ属性は異なっている。ここでは、生というカテゴリーについて議論することが役に立つかもしれない。ゾーエーは生きているということであり、ビオスは形容をもった、政治的な生である。「良い」や「剥き出しの」といった属性によって生を形容しようとすれば、ゾーエーから離れることになってしまう。したがって、剥き出しの生は政治的なものの王国のなかに存在している。剥き出しの生は、ゾーエーがポリスのなかに、ポリスの概念化そのものにおいて入りこむところから結果として生ずる。この先ではっきりするだろうが、剥き出しの生は政治的なものの危機と、政治的なものの内側からの潜勢的な掘り崩しとをともに表象している。すでに見てきたとおり、彼の思想を特徴づけているのはこの「あいだ」の空間である。

主権の論理

ポリスの産物としての剥き出しの生を粗述するために、アガンベンは主権的例外化に目を向けることを必要とする。ここで彼がドイツの法学者・政治理論家カール・シュミット（一八八八—一九八五年）

から受けている影響は甚大である。シュミットは近年、政治哲学における重要人物の一人となっているが、これはある程度まではアガンベンの著作の結果である。シュミットは、一九三〇年代にナチ党のおこなった活動を正当化し説明する重要著作を多数書いていたことで責任を負っている。このシュミットが、政治における例外はじつのところ規則なのだ、と明言したことはよく知られている。『政治神学』という重要な本で、彼は次のように述べている。「例外は通常事例よりも興味深い。通常事例は何一つ立証しない。例外がすべてを立証する。例外は規則を裏づけるだけではない。規則自体がそもそも例外があってはじめて生きる。例外においては、現実の生のもつ力が、繰り返しのなかで硬直してしまった機構の外皮を打ち破る」(Schmitt 1922, 15〔二三〕)。この洞察が、政治に対するアガンベンの論難の鍵となっている。アガンベンによれば、例外化とは政治的圏域からの完全な排除ではない。「例外(exception)」の語源となっているラテン語「ex-capere(外に‐捉える)」によってあらわになっているとおり、例外は「外に捉えられ」ている。というのも、例外は単に排除されているのではなく、じつのところ包含されているからである。このことが意味するのは、政治的秩序の核心には主権的例外化という捉えどころのない、両義的な形象があるということである。

主権者は「非常事態」を宣言して、実効的なしかたで法の支配を部分的に宙吊りにし、自分を裁判官の立場に位置づけることができる。アメリカ合衆国における最近の例のことを考えてみてもよいだろう。九・一一の後に、ジョージ・W・ブッシュ大統領〔当時〕は国のセキュリティのために緊急権を発動させ、法の通常の機能を宙吊りにした。それはまるで、国の通常の運営を維持するためには法秩序を宙吊りにする必要があったというかのようである。その法秩序とは法が作られ、議会を通され、施行されるプロセスのことだが、その諸権力が大統領の手中に置かれる。アガンベンはこのようなプロセスについて、『例外状態』で次のように述べている。「抵抗権においても例外状態においても問われているのは要するに、それ自体からして法律外的な活動圏域のもつ法的意味という問題なのである」(A 2003, 21〔二五―二六〕)。ここで重要なのは、法的なものが法的なものの外にあるものによって取りあげられうるということである。これはもちろん、次のことを意味している。すなわち、例外状態において、法の支配は法を守るために宙吊りにされ、そのようにして包含的排除を作り出すが、法の支配の外にあるもの(主権的権力)はそれによって法の支配の内側にもちこまれながらもその外側に残っている。ここで働いている包含と排除の複雑なプロセスは法概念そのものを問いただす。法というのが、私たちの集合的保護という名のもとに存在している規則と実践からなる抽象的かつ独立的な実体だとすると、その法にとっては、パルティザン的な政治的権力から侵略を受けることは、独立性を正統性の基礎とする当の実体の存在そのものに対する脅威となる。

主権的例外化に対するアガンベンの探査は、主権的例外化で働いている包含的排除を単に同定するにはとどまらない。さらに重要なのは、彼が次のことを指摘しているということである。すなわち、例外化は「法的‐政治的な秩序が価値をもちうる空間自体」(A 1995, 23〔三〇〕)を作り出す。彼のお気に入りの用語を用いて言えば、例外状態はこのように外と内のあいだにあり、外と内の両方に効力をもたらす「境界」的空間なのである。法が働くためには、「内」――法的・政治的プロセスのなかにあるもの――とその空間の外にあるものとを作り出さなければならない。法を超えた先にある空間――つまり法の保護を超えているとともに、訴追を超えてもいる空間（ホモ・サケルと主権者によってともに占められている空間）――があるということこそが、法の内部に意味を与えている。じつのところ、アガンベンはシュミットに従いつつ、法とは例外化のない「死文」であると指摘している。シュミットによれば、例外が法を一連の惰性の原則から遂行的・実効的な制御形式へと変容させることができるのは「人間の生そのものにおいて」である。ただし、シュミットによれば、その変容は主権者の行動を通じて、主権的決定を通じて起こるとされる。それに対してアガンベンは、例外状態に関してベンヤミンとシュミットのあいだで交わされた議論を復元したうえでベンヤミンの側につき、例外と規範は互いに見分けられない不分明地帯へと入りこんだと断言している。このようにして、例外の支配は法の支配と不分明になる。第一次世界大戦において、政治的危機に際してなされる法の支配の例外的宙吊りとして受け容れられたものが、いまや法自体に浸透しようとしている。

アガンベンは近代の主権的例外化を第一次世界大戦、第三帝国、そして現代の政治的状況の内に位置づけているが、彼はまた、はるかに長い歴史のなかにそれを位置づけようと企ててもいる。すでに指摘したとおり、彼の信ずるところでは、フーコーによる生権力探究のプロジェクトは近代の権力の根にあるものを実効的に探ることに失敗している。アガンベンの著作において、主権的例外化はいくつかの決定的な点で働いている。本書の序と第一章で指摘したとおり、彼の著作は系譜学と文献学によってしるしづけられている。系譜学ないし文献学とは、さまざまな時代を通じて諸概念の展開――

構造的な、また言語的な展開——を示すことで諸概念をあとづけようとする企てである。というわけで、彼は主権的例外化を古代ギリシアの抒情詩人ピンダロスにまで遡って見いだしている。同様に、彼は主権的例外化を中世やローマ法のなかにも見いだしている。

ホモ・サケルの産出

『ホモ・サケル』の大部分は、ホモ・サケルという形象のさまざまな化身を今日に至るまでたどり、剝き出しの生の系譜を示すものとなっている。アガンベンは古代ローマ法へと向かい、主権がどのように構成されているかを探ろうとする。彼は、主権の構成が政治的な剝き出しの生の産出と密接に結びついていると見なしている。そこで焦点が合わせられるのが、古代ローマ法における一つの逆説である。ホモ・サケルという形象がそれにあたる。アガンベンは、この「聖なる人間」がいかにして、法によって死へと断罪されながらも犠牲化されえないものとされるかを細部にわたって記している。つまり、ホモ・サケルは政治的な「生」が取り除かれ、処罰の恐れなしに思いのままに殺害可能になった存在なのである。アガンベンは、ホモ・サケルの意味について語るポンペイウス・フェストゥスの文言を次のように引用している。

しかし、ホモ・サケル（聖なる人間）とは、邪《よこしま》であると人民が判定した者のことである。その者を生け贄にすることは合法ではない。だが、この者を殺害する者が殺人罪に問われることはない。最初の護民法には「平民決議によって聖なるものとされた者を誰が殺害しても、それは殺人罪ではない」とある。悪い人や不純な人がホモ・サケルと呼ばれるのはそのためである。

（A 1995, 79〔一〇三—一〇四〕）

ローマ法における犠牲は儀礼的な処罰ないし浄化が一つの形を取ったものでもあって、それは私たちの考えるようないわゆる死刑と同じものではなかった。アガンベンは、そのような浄化の儀式は依然として宗教的な法的圏域の一部だったが、ホモ・サケルをそれと同じように扱うことはできないと書きとめている。ホモ・サケルは犠牲化不可能であり、ともかくもすでに聖なるものとなっており、そのことによって神に属している。「犠牲化不可能であるにもかかわらず殺害可能である生、それが聖なる生である」（A 1995, 91〔一一九〕）。したがって、ホモ・サケルが殺されたとしても、それは犠牲でもなければ殺人でもない。ホモ・サケルは宗教的圏域にも法的圏域にも包含されていると同時に、その両者から排除されてもいる（俗的なものから完全に取り除かれているわけではないという、この聖なる圏域の考えかたについては第七章であらためて扱うことにする）。彼が書きとめている、『ホモ・サケル』の鍵となる議論の一つは次のとおりである。ホモ・サケルという形象は主権者と似通った構造的位置を共有している。両者とも「二重の排除」の部分となり、また「供犠の執行と殺人罪のあいだの不分明地帯」（A 1995, 92〔一二〇〕）となっているということである。主権者とホモ・サケルが、法の内部と外部にともにあるという、似通った構造的な場を共有しているというプロセスを捉えるために、アガンベンは締め出し／遺棄という概念を導入している。これは、彼がフランスの哲学者ジャン＝リュック・ナンシー（一九四〇年―　）の著作に見いだした概念である。主権的例外化がホモ・サケルを外に出すものだとすれば、ホモ・サケルも主権者も法によって法の外に出される。法から排除されるというのは、法のいわゆる「外」や法を「超えたところ」にあるということと見なされてはならない。そうではなく、法を打ち消されたときほど、人が法の「なか」にあることもない。遺棄というのは、内と外のあいだの境界上に置き去りにされている状態である。そこで、アガンベンは締め出しを「法自体のないところで法を維持し、自らを適用から外すことによって自らを適用するという、この法の潜勢力」（A 1995, 34〔四四―四五〕）と見なす。ということは、主権的締め出しは、主権的権力の機能が主権者を主権的権力と同じ境界的状態へと縮減してしまうということそのものを名づける関係形式だということになる。それはつまり、「主権的例外化の両極を一つに結びつける引力にして斥力」（A 1995, 123〔一五七〕）である。ホモ・サケルは、剝き出しの生の産出が「主権の原初的活動」だということをあらわにする、主権的締め出しに捉えられた「被害者」である。この主張が力をもつとすれば、それは、私たちの誰もがこの境界的形象になりうる潜在力をもっているというところにある。「主権者とは、彼に対してはすべての人間が潜勢的にはホモ・サケルであるような者であり、ホモ・サケルとは、彼に対してはすべての人間が主権者として振る舞うような者である」（A 1995, 93–94〔一二二〕）。潜在的には、法秩序に従っているすべての者が、政治的な生から（包含によって）排除される可能性に直面している。ここが彼の主張のなかでも最も議論を呼んだところである。

フーコーの著作は、「法的‐制度的な権力モデルと生政治的な権力モデル」とけっして完全には和解することのない「消失点」(A 1995, 9〔一四〕)を、秘かにではあれ維持してきたとアガンベンは言う。それに対してアガンベンが示唆しているのは、フーコーは近代の全体主義国家における生政治の本性について誤解しているということ、またその誤解はこの作動する連続体がフーコーの著作に存在していないことに由来しているということである。主権的例外化とホモ・サケルという二形象の系譜を構造的原初点に至るまでたどることによって、いまや私たちは強制収容所やファシズム下の生の奪取の本性を理解できる、というのがアガンベンの主張である。彼は近代におけるホモ・サケルの展開を、イギリスにおける一六七九年の「人身保護令状《ハベアス・コルプス》」の導入によって始まるものとして描いている。ラテン語で「habeas corpus」とは「身体をもて」という意味で、誰かを拘留している者に対してその被拘留者を法廷に連れて来て彼を拘留する根拠を証すよう命ずるものである。これは西洋の法の伝統の根本的原則の一つと見なされている。この「人身保護令状《ハベアス・コルプス》」によって、人は陪審員によって公正な裁判を受けることができるようになっている。アガンベンは、この「人身保護令状《ハベアス・コルプス》」は近代の生政治が最初に具体化したものだと主張している。ここにおいて、身体が法的なものの座として明らかになったというのである。法的指令の対象として「人間(homo)」ではなく「身体(corpus)」が導入されているということは、身体がいまや単に政治化されたのではなく、政治的なものの新たな様態の基礎となっていることの証拠だと彼は言う。「人身保護令状《ハベアス・コルプス》」において、ホモ・サケルが古代から連続的に産出されてきたことが明るみに出ると彼は主張する。ただし、違いはある。聖なる人間はもはや全面的なもの、完全なものではない。「それ〔近代民主主義〕は聖なる生を廃棄するのではなく、それを細かく分けて個々の身体のなかに撒き散らし、個々の身体を政治的葛藤の争点とする」（A 1995, 137〔一七二〕）。いまや、主権的な政治的主体の宣言にはつねにすでに聖なる生の痕跡がある。彼によれば、西洋近代の自由主義的民主主義の自由な主体であるということが意味するのは、権利や保護を剥ぎ取られた「身体（corpus）」へと潜在的に縮減されてしまっているということである。

近代におけるホモ・サケルに関するアガンベンの系譜学が次いで足を止めるのは、一七八九年のフランス人権宣言である。これは、しばしば近代民主主義の礎石として讃えられるものである。だが彼によればこの人権宣言は、ホモ・サケルが近代において主権的国家・主権的領土に結びついた化身へと入りこんだ点を表象している。それはつまり、「自然的な生を国民国家の法的‐政治的次元に書きこむことの原初的形象」である。人権宣言は、すべての人間は「不可侵の権利をもって生まれる」という理念を定めているが、アガンベンが即座に見抜くのは、人間がそのような権利とともに「生まれ」ているということそのものが当の権利を国民に結びつけているということである。「国民（nation）」という単語は語源的に言って「生まれる（nascere）」に由来する。その結果、「剝き出しの、自然的な生」は、つまり生まれているということは、すでに政治的構造に織りこまれているということになる。人間はいまやゾーエーという、生まれているということそのものを宣言できるという能力によって基礎づけられた集合的主権の構成員となっている。いまや生は政治的なものとなった。それによって、政治的領域に取りこまれているか否かということ以外に生の本質的価値はなくなってしまっている。

収容所、難民、死の政治

法と政治に関する近代の言説をそれぞれに下支えしている二原則――「人身保護令状《ハベアス・コルプス》」と人権宣言――の核心に潜《ひそ》んでいるホモ・サケルの形象を、非常に簡潔にではあれアガンベンがあらわにしようとしたことはきわめて重要である。大事なのは、これによって彼が次のことを論証しえているということである。すなわち、西洋の法的‐政治的な伝統を擁護すべく援用されうる諸原則が、すでに剝き出しの生の産出の内に捉えられている。いまや彼は、ホモ・サケルの最もラディカルな例を挙げることができる――その例とは、ノモス（政治的なものの空間）としての強制収容所という例、そしてホモ・サケルとしての難民、および強制収容所の被収容者という例である。このような例を挙げることによって、彼は西洋文明の政治的諸原則と近代人の不可侵の自由とを二十世紀の最も怖ろしい出来事と結びつけている。私たちはこれから、彼がホモ・サケルを近代において読み取っていく様子をたどり、いかにして近代政治が「持続的な蝕」に入っていると彼が主張しえているかを見ることにしよう。そしてまた、彼が試みに定立している「政治」の、より正確には共同体の、生産的ないしオルタナティヴな概念のようなものを垣間見ることにしよう。

難民という形象は、二十世紀および二十一世紀に存在するホモ・サケルと主権的例外化の最も明瞭な例の一つである。難民があらわにするのは、主権的権力の空間と主権的例外化とが自らの市民の生をその他の者たちから切り離して定義づけるべく無慈悲な効率で働く様子である。アガンベンは次のように述べている。

［難民とは］生まれと国民の結びつきから人間と市民の結びつきに至る国民国家の根本的カテゴリーをラディカルなしかたで危機にさらす限界概念［である］。これによって、一刻の猶予もないカテゴリーの革新のために混乱を一掃することが可能になる。それによって目指されるのは、剝き出しの生が、国家秩序においても、ましてや人権という形象によってももはや分離・例外化されないような政治である。

（A 1995, 148–149［一八五］）

難民をホモ・サケルと見なすことで、この剝き出しの生の形象が現代政治の文脈において占めている場をはっきりと理解することが可能になる。難民は例外的形象――市民権をもたないごく少数の者――ではない。彼らは人権概念全体を問いただす存在である。人権概念とは、国家ないし領土が構成員を共同体の一部として包含し、次いでつねに排除することができるという概念である。だとすれば、「人権」概念は建前だということになる。アガンベンが「人権の彼方に」という短い論考で指摘しているとおり、人権は「人間であるという純粋な事実を除いて」すべての関係を奪われた人間が眼前に現れるとすぐに、原則としては瓦解した。私たちの誰もが不可侵の「人権」をもっているとしても、そのことが意味するのは単に、私たちの誰もが単なる身体的存在へと縮減されうるということ、私たちは難民と同じように主権的国家によって排除・遺棄され、剝き出しの生へと縮減されることがありうるということにすぎない。

権利が取り除かれ、身体的な生ないし剝き出しの生へと縮減された状態に置かれた市民の最も顕著な例は、ヒトラー率いるナチ・ドイツによって設置された強制収容所という例である。その収容所に入れられたのはユダヤ人、ロマ人、政治犯、その他の周縁化された集団だが、法の支配から排除されたその空間において、彼らは主権的権力の行使によって国民としての権利を取りあげられていた。重要なことは、強制収容所に送られたユダヤ人はあらかじめドイツの（ないしは他の国の）国籍を剝ぎ取られ、国民国家の法から排除された空間において、国家をもたない人々になっていたということである。強制収容所は主権的権力の行使によって制御される例外空間となっていた。そのため、そこには国家の諸法はもはや存在せず、国民国家の市民が手にしていた権利や法も拠りどころにはならなかった。収容所に入れられた者は政治的な生を完全に失い、剝き出しの生になっていた。その剝き出しの生とは、彼らが生きるよう断罪されている当の身体以外の何ものでもなかった。

アガンベンはこの強制収容所に、完全な生政治的空間の全特徴を見て取っている。完全な生政治的空間とは、主権的例外化が政治的主体の完全な破壊のために空間を作り出し、その代わりに完全な物理的・生物的制御形式が置かれる窮極の点である。たとえば、彼はＶＰ（「Versuchspersonen（被験者）」、彼の訳語では「cavie umane（人間モルモット）」）に関する計画を細部にわたって記している。VPは過度の低気圧にさらされたり、塩水を飲まされたり、氷水に長時間浸けられたりした。科学者・物理学者は彼らを長時間にわたって監視し、調べた。ナチ・ドイツの兵士がどこまでなら死ないかを彼らで代わりに確認しようとしたのである。ここでは、VPは主権者にとってまさに純粋な、剝き出しの、生物学的な生を表象している。彼らは生政治の限界点をあらわにしている。

現代世界で生政治の姿を描き出すこと

強制収容所の被収容者という形象、そしてまた戦後であれば国家をもたない難民という形象が強力なものであることに疑念の余地はない。それらはいろいろな連想を生むし、さまざまな文化的記憶を帯びてもいる。それらはアガンベンの著作において顕著な場を占めており、そこから騒々しい問いいだしや縮減的要約が導かれてきた。最もありふれた要約は、「アガンベンは、私たちは皆、潜勢力にあっては国家をもたない難民にしてホモ・サケルであると述べている」というものである。たしかに、この言明は彼のテクストにまったく見られないわけではないし、――厳密に言えば――誤読というわけでもない。

アガンベンは『ホモ・サケル』の結論部で次のように述べている。

聖性は、現代政治においてつねに現前している逃げ道であって、その逃げ道はますます広大で不明瞭になっていく地帯へと向かい、ついには市民の生物学的な生自体と一致しようとしている。今日、聖なる人間としてあらかじめ規定できる形象がもはや存在しないのは、もしかすると私たちが皆、潜在的にはホモ・サケルだからかもしれない。

(A 1995, 127〔一六一―一六二〕)

主権的例外化という概念や、法の主権的宙吊りの空間としての収容所といった概念が、グローバル政治における最近の出来事に劇的反響を見いだすということに、読者は気づかずにはいないだろう。私たちが聞かされているのは、「九・一一以降」の世界はかつてとはまったく異なった場だということである。「対テロ戦争」はそれ以前のいかなる戦争とも似ていない。その新たな戦争にあって、敵というのは知りえない者である。戦いは真にグローバルな水準でなされるが、潜在的には至るところが戦争劇場である。その戦争は終わりがないもの、時間的限界がないものとして企図されている。それは、「私たち」が「勝った」とは主張しえないような戦争である。このすばらしい新世界は、新たな脅威に対する新たな防御のための新たな措置を要求する。この戦争が新たなものだとするこの言語によって示唆されているのは、私たちを守るには権利にまつわる古い諸概念では不充分だということである。そこから、私たちの諸権利が繰り返し侵蝕されることになった。だがこの侵蝕も、うわべは当の諸権利や諸原則を守るためになされた。アガンベンの政治論の力強さは、私たちの現在の「例外状態」のなかに、これよりもはるかに深い論理を同定できるというところにある。多くの者が、私たちの人権を守るべく講じられるこれらの措置の有効性について議論しているが、他方のアガンベンはというと、長く複雑な伝統をもつ例外性と生政治の言説を指し示しえている。

アガンベンの小著『例外状態』はイタリア語で二〇〇三年に、英語で二〇〇五年に刊行された。その時期はちょうど、グアンタナモ湾キャンプ・デルタのような現象やそれを統べている引き渡し手続きを理解する手段として、西洋政治に関する彼の批判を多くの者が検討しはじめたときだった。この本の冒頭では、法秩序と生のあいだを隔てる空間の霧はますます濃くなっていると議論されている。そこで働く法的‐政治的装置のいや増す権力は「例外状態」を用いるが、それによって法の支配の普遍的本性はますます混乱したしかたで問いただされている。アガンベンは次のように述べている。「法権利が自らを宙吊りにすることによって生きもの〔人間〕を自らの内に包含するという独特な構造としての例外状態がもっている直接的に生政治的な意味は、二〇〇一年十一月十三日にアメリカ合衆国大統領によって発された「軍事命令（military order）」にはっきりと姿を現す。この命令は、テロ活動に関わっている疑いのある非市民〔非アメリカ国籍〕容疑者の「無期限拘留（indefinite detention）」および、「軍事委員会（military commissions）」（これを戦争法によって想定されている軍事法廷と混同しないこと）による裁判を認可するものである」。続けて、アガンベンは次のように述べる。「ブッシュ大統領の「命令」の新しいところは、個人の法的身分のすべてをラディカルに抹消することで、名指しえない、分類しえない法的存在を産出しているというところである」（A 2003, 12〔一二〕）。だが、アガンベンの論証が新しいものに見えるとしても、それは単に見かけ上そうであるというにすぎない。

そのことを理解するためには、この議論を、それまでの「例外状態」の系譜、つまり革命中のフランスや、第一次世界大戦中にポワンカレ大統領によって宣言された恒常的例外状態、そしてもちろん一九三三年にヒトラーによっておこなわれたヴァイマール憲法の宙吊りといったもののなかに置けばよい。グアンタナモ湾キャンプ・デルタの被拘留者の置かれた立場は、例外状態の歴史における新展開として、そのような先行物との比較を必要としている。アガンベンはこの点について次のように述べている。「これと比較できるのは、ナチの収容所《ラーガー》におけるユダヤ人の法的状況だけである。彼らは〔収容所に入る前に〕市民権とともに法的アイデンティティのすべてを失っていた〔……〕」(A 2003, 12〔一二〕)。現代の例をホロコーストと比較することが逸話的な力をもってしまうのは明らかだが、彼の著作を「正当」に評価するには次のことを思い起こしておくべきである。すなわち、彼はそのような主張を軽々しくおこなっているわけではない。その主張は、現代において働いている構造的論理をはっきりと分節化することによって下支えされている。

対テロ戦争と国家の暴力

現代にあって、私たちの政治システムを統治している諸原則はますます崩壊させられている。その様子を探るべく、国際政治において多くの研究がなされてきた。例を一つ見ておいてもよいだろう。南ロンドンのストックウェル地下鉄駅で二〇〇五年七月に起こったジェアン・シャーリス・ジ・メネジス射殺は、現代の地政学を定義づけている「対テロ戦争」において無数の人々が直面している危険をちょうど思い起こさせるものとなった。メネジスは地下鉄に乗っていた対テロ警官によって射殺された。彼は、前日にロンドンの交通網で起こっていた、未遂連続爆弾テロの容疑者フセイン・オスマンだと信じられた。その未遂連続爆弾テロは、さらにその二週間前にあたる七月七日に地下鉄とバスが標的となった四件のテロと直接結びついているものと信じられていた。その四件の爆弾テロでは五十二人のロンドン市民が死に、七百人以上が負傷していた。ブラジル市民メネジスはいかなるテロ活動ともまったく無関係であり、間違った場に間違った時間にいあわせただけだということが後になってわかった。ロンドン市警察の本部長はこれを「悲劇的な間違い」と呼んだ。

ニック・ヴォーン-ウィリアムズは、この事件を「間違い」などとして読み解いてはならないと議論している。いわく、この事件は九・一一以降のセキュリティ政策というより広い地平に置いて見なければならない。この射殺の七ヶ月前にロンドン警視庁特殊作戦グループに導入された射殺方針は、後にメネジス事件となったものにとって鍵となる決定だった。容疑者は呼びとめられ、尋問されたうえで、もし生命に危険を及ぼす恐れがあると考えられれば、まずあらかじめ上半身に対して射撃されなければならない。テロリストの容疑がかけられた者は頭部を射撃されなければならない。体に爆弾を巻きつけていることが充分にありうるからである。ところが、メネジスは頭部に七発、肩に一発の銃弾を受けている。この事件を悲劇的な間違いとして捉えようとすると、この出来事が政府の政策によってある法的空間が作り出された一エピソードだということが見えなくなってしまう。その法的空間では、国のセキュリティを守るために人を殺害すること、つまり生を守るために生を奪うことが正当化されうるようになっていた。この論理は戦争の諸規則のもとで働くものだが、この事件が世界の最も賑わっている都市の一つで、しかもまったく無実の人に対して起こったということは本当に気がかりである。ヴォーン＝ウィリアムズによれば、二〇〇五年七月二十二日は「生を保護することを意図としていたメカニズム自体が、生を脅かすだけでなく、最終的には生を破壊してしまった」という状況を表象している。これは「政治的に形容を与えられるポリスの生を時間的・空間的に再生産し安全を確保しようとする、主権的権力による革新的なやりかた」(Vaughan-Williams 2007, 186) の一部をなしていた。このような現代の政治的出来事、政治化された出来事を分析するにあたって、アガンベンの著作がどのような利をもつかは明らかである。彼が例外状態を理論化したことによって、ヴォーン＝ウィリアムズはメネジスの射殺が「主権的な政治的共同体の諸形式」の安全を確保するために剝き出しの生を産出するというはるかに長い伝統の一部だと見なすことができた。そしてまた同時にヴォーン＝ウィリアムズは、この出来事に見られる根本的に「新しい」ところ、つまり「剝き出しの生の産出の位置づけと方法」(Vaughan-Williams 2007, 191) も示しえている。とはいえ、すでに見たアガンベンの方法論にしたがえば、この出来事が本当に「新しい」ものかというところには議論の余地がある。なるほど、この出来事は生政治的なもののまた別の現れを表象しているのかもしれないが、この現れの形式はそれ以前の諸形式に結びついている。そして、それ以前の現象――とくにホロコースト――と結びついているということこそが、彼の現代論にこれほどの力をもたらしている。

難民という形象

難民は、主権的例外化が政治的共同体を強化すべく働くとともに剝き出しの生を作り出す、最も明瞭な事例の一つである。アガンベンは難民についてかなりの紙幅を割いているため、彼の著作が法、政治地理学、移民研究の研究者によって取りあげられてきたのも驚くにはあたらない。居場所を失った人々が世界じゅうを移動してまわることは、第一次世界大戦が勃発して以来、国際政治の支配的特徴となってきた。アガンベンの診断によれば、難民は近代国民国家の衰退と腐蝕のしるしであり、したがってそれは近代国民国家の解体を体現している。国家はその近代国民国家の解体という空間にあって自らの崩壊に直面しつつも、自らの完全性を立てなおそうと企てる。つまり、国家をもたない人間は到来する新たな政治のヴィジョンであり、「何であれの存在」へと向かう動きの一例である。アガンベンの述べるとおり、「自分の直面している絶対的に新しい任務に比肩する者たろうとするならば、私たちは、政治的なものの主体を表象するのにこれまで用いてきた根本的諸概念（諸権利をもつ人間や市民、さらには主権者としての人民、労働者など）を留保なく放棄し、この唯一の形象〔難民〕を出発点として自分たちの哲学を再構築することを決断しなければならない、ということさえありうる」（A 1996 a, 21〔二四〕）。諸政府は国家をもたない難民という人間を調停しようと葛藤しているが、そのような人間を核心にもつということによって示唆される政治はラディカルなまでになじみのないものであるとともに、疑念の余地のないほどに現代的なものでもある。

アガンベンの難民論に見られる診断的諸要素は、明らかに、難民研究に対して大きなインパクトをもたらしてきた。オーストラリアの歴史は、新たな土地において新たな生を作りあげようと企てる、居場所を失った人々の歴史である（もしくは、少なくともそれが右翼イデオロギーによって私たちの信じこまされてきたものである）。オーストラリアの歴史は十九世紀初頭の流刑囚をはじめ、ヨーロッパの貧困から脱して新生活を始めるためにやって来たヴィクトリア朝中後期の人々を経由し、第二次世界大戦やその後のヴェトナム戦争の後に戦争で疲弊した国々から逃げて来た人々に至るまで、移住の歴史である（文化的ジェノサイドについてはここでは触れない）。だが、一九九〇年代からオーストラリアは境界を厳しく警備しはじめ、移民の法的手続きをはるかに困難なものにしはじめた。もちろん、この強硬化は九・一一以降に増強された。そのとき、移民に対する苛酷な取り扱いを正当化しようとして用いられたのが、国のセキュリティを強化すべきだとするハワード政府〔当時〕の修辞である。そのセキュリティ強化策の最も顕著な実例の一つが、不法移民を「処理」する沖合拘留センターの開設である。これは通常、軍ないし沿岸警備隊によって拿捕されたボートに乗っている難民を対象とする。彼らはパプア・ニュー・ギニアもしくはクリスマス島に連行され、そこで彼らの難民という法的身分の要求が検討される。国際法上は、難民という法的身分を求めてオーストラリアに上陸する者は誰であれ庇護権をもつ。だが、オーストラリア政府は難民に対して、オーストラリアに上陸して庇護権を要求する機会を否定する。したがって、不法移民は難民という形容を付されないことになる。ある意味では、ボートでやって来る者は不法とされており、庇護権を要求することに成功する望みはない。オーストラリアの法のもとで、オーストラリア北部の海岸および沿岸諸島は庇護権を要求できるオーストラリア本体の一部ではなくなり、例外的空間を生み出してしまっている。

「不分明地帯」は国民国家の脆弱さを、また国民国家の主権の侵蝕を明示している。その主権は、苛酷な強化を施すことによってしか立てなおせない。その強化は排除的包含という奇妙なプロセスを徐々にあらわにする。プレム・クマール・ラジャラムとカール・グランディ-ウォーはアガンベンの『ホモ・サケル』を用いて、オーストラリア、マレーシア、タイにおける非正規移民の分析をおこなった。彼らによれば、オーストラリア政府の活動は、剝き出しの生の政治的・法的な産出に対するアガンベンの検討とほぼ完璧に一致する。彼らは次のように述べている。「国民国家というシステムのなかへと表向き排除されたものをこのようにもちこむことは、オーストラリアという国家の境界をまとめる役に立つが、その他方で、庇護を求める者を、脱政治化された「剝き出しの生」へとあらかじめ割り当てる」(Rajaram & Grundy-Warr 2004, 48)。ただし、移民研究の言説ではつねに政策に目が向けられている。ラジャラムとグランディ-ウォーによれば、非正規移民をホモ・サケルと見なす自分たちの研究は「政策立案者の注意を、根本的であるにもかかわらず無視されてきた政治の空間ないし条件へと惹く」ことをもくろむものであるという。「共同体や責任に関するコスモポリタンな感覚の扇動は[……]国家から来るのでなければならない」(Rajaram & Grundy-Warr 2004, 59–60)。これは、アガンベンのより広大な批評プロジェクトを完全に誤解したものとなっているが、このようなものが、より広範な人文科学・社会科学における彼の著作の支配的な「用法」である。彼の著作のより広い構造を理解し、権力を無為化するという「政治的任務」を理解すれば、この種の誤読のはらむ危険ははっきりするにちがいない。

生政治的な入れ墨

ここに至って私たちはついに、生政治の現代世界に対するアガンベン自身の介入へと向かうことができる。その介入とはアメリカ合衆国旅行の拒否である。二〇〇四年、彼はニュー・ヨーク大学で一連の講義とセミナーをおこなうことになっていた。彼はこの旅行を取りやめ、その拒否を正当化しようとする論考を二〇〇四年一月十日にフランスの『ル・モンド』紙に発表した。ここで問題になっているのはアメリカ合衆国に入国する者が受けなければならないとされている措置であり、これをアガンベンは「生政治的な入れ墨」と呼んでいる。そこにはデータの登録や指紋押捺、網膜スキャンが含まれる。彼は、この展開は「それまではつねに例外的で非人道的なものと見なされてきた手続きや実践に対して、通常の人道的なものであるかのように市民を慣れさせようとする企て」(A 2004, 168)というはるかに広範な企てを表象するものだと主張している。アガンベンによれば、人間の自由に対するこのような例外化や侵害が正常なものとされていくということは、チェックせずにおけば予期されざる帰結を生じうるような展開の徴候である。彼は、この異議を銘記するためにヨーロッパ知識人が自分の例に倣ってくれればよいと望んでいる。このような措置を極端なものと見なすことが必要なのである。それが生政治における新展開の限界点・境界にあたるものであって、単に国際的旅行者の被る陳腐な不便さなどではないということを強調すべきである。

アガンベンのこの短い論考は彼の生政治論を凝縮し単純化したものとなっている。アメリカ合衆国の空港でなされる生政治的な入れ墨を、彼が強制収容所におけるユダヤ人被収容者の置かれた状況と重ねているというのも驚くにはあたらないだろう。だが彼はそれと同時に、自説を擁護するにあたって、この主張は哲学的なものであって歴史的なものではないと述べ、自分は「諸現象の混合物に関わるつもりはなく、そのようなものは分離しておかなければならない」としている。したがって、強制収容所の被収容者に入れ墨を施すことが「正常」と見なされていたと断言して話を進めるのは論理的である。いまおこなわれている手続きが潜在的に正常化されているということは、さらに広範な生政治的布置の徴候と見なされるべきである。その生政治的布置を停止させなければ、当の布置は人間の生をさらに権威主義的なしかたで捉えようとし、例外的活動をすぐに陳腐なものにしてしまうだろう。彼が結論づけているとおり、「今日、私たちがアメリカ合衆国に旅行しようとしたときに課されるこの生政治的な入れ墨は、近い将来、私たちが善良な市民として同定されたければ国家のメカニズムや伝達機構に登録される通常のやりかたとして受け容れることになるはずのものへと渡されるバトンなのである」(A 2004, 169)。

「蝕」の暗がりに入った政治

現代政治に対するアガンベンの批評は人目を引くものであり、その批評はさまざまな領域に取り入れられた。だが、そのことによって、彼の批評の真に「政治的本性」と見なしうる当のものがわかりにくくなってしまう恐れがある。本書の最終章で見るとおり、多くの二次的註釈者にはこのモデルの批評的効力を裏書きするか、このモデルの方法論上の欠点を強調するかという、いずれかの傾向がある。彼らの多くは、西洋政治の伝統に対するアガンベンの拒絶を真面目に考慮する気がない。だが、忘れてはならないのは、批評の契機はそれ自体が、それ自体における、それ自体の行動だということである。彼が『例外状態』の結論部で次のように述べているとおりである。

> 法権利を生との非関係の内に露呈させ、生を法権利との非関係の内に露呈させるということは、両者間に、自らの名こそ「政治」たるべしとかつて要求していたあの人間的活動のための空間を開くということを意味する。政治が持続的な蝕を被ったのは、法権利に汚染されたからである。それによって政治は、単に法権利と交渉する権力へと縮減されてしまうのでないにしても、最善でも構成する権力〔憲法制定権力〕（つまり法権利を措定する暴力）として自らを構想することになってしまった。だが、本当に政治的と言えるのは、暴力と法権利の結びつきを断ち切るあの活

動だけなのである。（A 2003, 112〔一七八〕）

政治的行動とは、かくも記念碑的な逆説をかくも精妙な行動によって乗り越えようと示唆するもののことだとするこの定義は、わかりやすい現実政治や、襟に議員バッジをつけることのできる大義や、空虚だが瞬間的な結果を生む行動といったものに関わっていようと望む者には邪魔である。そのようなものはアガンベンの政治ではない。

本章を締めくくるにあたって、アガンベンの著作のうちとくにホモ・サケル論において、またさらに一般的に政治論において言語が果たしているより広い役割に注意を喚起しておくべきである。彼は『ホモ・サケル』の序で、剝き出しの生の産出にとって言語はきわめて重要だと明言している。じつのところ、政治の基礎一般を可能にするのは言語である。人間の共同体の構築は言語にもとづき、ポリスに住まうことにもとづいている。人間という生きものは、原初的な声から隔てられずらされることによって言語をもつ。したがって、ポリスへと向かう運動は、剝き出しの生を排除するということに関わっている。言語に先立つ声から自らを取り除くことが必要とされるのと同じように、ポリスの外に剝き出しの生を放り出してしまうことが必要とされるのである。だが、剝き出しの生が排除されるというのも、声が排除されるというのも幻想である。声も剝き出しの生も、自らを苛む当の言語や政治にとっての否定的基礎づけであることによって、つねにふたたびそこへと組み入れられている。したがって、剝き出しの生を超えた先にあるとされる展開中の政治の政治的任務が内属的に結びついているのは、声との否定的関係によって罠にかけられていることのないような言語を展開するということである。アガンベンによれば、この二つの任務は互いに結びついている。最も価値ある政治的行動とは、支配的な権力言語をないものとすることにもとづいた政治的行動である。彼は「言語と人民」という論考で、近代国家の生政治的形式に対する挑発はただ「言語の実存－文法（言語）－人民－国家という連鎖を任意の点で断ち切ることで」（A 1996 a, 59〔七四〕）のみ存在しうると指摘している。支配的な権力言語を打ち破るこのプロセスは、到来する共同体へと向かう道を提示するにあたって決定的である。それは、近代政治の基礎となっている言語機械を無為化する。彼の思想の否定的ないし批判的契機を検討するにあたっては、到来する共同体の政治を忘れずにいるということが重要である。この到来する共同体の政治こそが、つねに彼の著作の目指す地平である。

要約

アガンベンは、西洋の伝統に見られる生と政治の関係における複雑な系譜をたどろうと企てることで、現代の諸問題に関する批判的な問いただしを提示している。彼はアリストテレスに立ち戻り、生をゾーエー（形容をもたない生）とビオス（政治的な生）に分離することで剝き出しの生が作り出されると指摘している。剝き出しの生とは、政治的システムから排除されてはいるが逆説的にそのなかに包含されている生のことであって、その象徴的形象であるホモ・サケルを、人は殺人罪を犯すことなく殺害できる。だが、これと同じ「包含的／排除」という論理は主権者自身にも適用される。主権者は法の支配を宣言できるが、その判断から自分自身を排除する。彼は、古代ローマから人身保護令状《ハベアス・コルプス》、フランス革命、第二次世界大戦の強制収容所、国家をもたない難民の窮状、そして最後に対テロ戦争における容疑者のグアンタナモ湾キャンプ・デルタへの収容に至るまで、剝き出しの生の産出と主権的例外化の展開を描き出しえている。このように、彼は西洋政治の伝統をきわめて否定的に描き出すが、この描出によって要求されているのは、そのような伝統を乗り越えること、暴力によって捉えられるのではない生の新たな理解が出現することである。

第五章　身振りの故郷——芸術と映画

アガンベンにとって言語が重要だということは本書を通じてすでに明らかになっているとおりだが、さらに広く、この言語理論を表象理論とも見なさなければならない。その理論において、一般美学は——先述のとおり、彼はこれにしばしば「詩学」という名を与えている——、表象という媒体を統べている支配的論理を問いただす。それによって、この一般美学はこの媒体の使用を混乱・停止させるべく働くことができる。これまでの数章で見てきたとおり、この表象はつねに「到来する世代の政治的任務」に焦点を合わせてなされている。芸術と主体性に関する彼の最初の本から広告やポルノを理論化した諸論考に至るまで、彼はイメージをさまざまな現れかたにおいて検討しようとしてきた。本章では、近代美学は無時間的ニヒリズムが一つの形を取ったものだとする彼の見解をたどったうえで、映画の基礎としての「身振り」が探られるところまでたどり着くことにする。彼によるこの身振りの探査において拠りどころとなっているのはアビ・ヴァールブルクの著作である。ヴァールブルクは、西洋美術を「諸々のイメージ」としてではなく、巨大な映画のリールから取られた一コマ一コマの写真のようなものとして概念化した。このヴァールブルクから出発したうえで、私たちはアガンベンがギー・ドゥボールの映画にどのように取り組んでいるかへと向かう。そこに私たちが見て取るのは、メディア化された現代文化のスペクタクル的形式を不安定にする潜在力である。ここでとくに重要になる概念は、均質な歴史説話を破砕する潜在力をもつ表象および表象可能性、私たちに対して身振りの潜勢力をあらわにする潜在力をもつ表象および表象可能性という概念である。

芸術と近代

アガンベンの理解によれば、近代は、集合的な実践・知・アイデンティティにおける根本的転換点である。ただし、その転換は先例のないラディカルなものに見えるにしても、けっして見かけほどラディカルではない。それは生政治のばあいと同じである。フーコーの主張に反して、生政治は近代以前に見られないわけではない。古典的形式の政治において継承されていたものが、近代になって加速された形を取ったというにすぎない。アガンベンは一九七〇年に『内容のない人間』をイタリア語で刊行した。これは一九九四年にイタリア語で復刊され、一九九九年には英語版が刊行された。彼の発表したこの最初の本は、彼の思想がいかに初期から連続性を維持してきたかを証すものとなっている。ただし、その思想がここでは後年の著作ほど充分に展開されているわけではないということも明言しておく必要はある。彼はこの本で、近代をいっそう根本的な破砕ないし破断として定立している。その破砕ないし破断は乗り越えられるべきものであり、それに先立つもとの条件が「あらためて獲得」されるべきだとされている。したがって、彼の芸術論を見ていくにあたって私たちが注意すべきは、近代芸術はニヒリズムだとする表現が後年の著作では和らげられることになるということである。また、ここではニヒリズムと否定性を区別することも重要である。彼はニヒリズム（世にはびこっている道徳や宗教的信仰を拒絶すること）という用語を援用するが、この援用は後述のとおりフリードリヒ・ニーチェを参照してなされている。このニヒリズムを、第一章で私たちの見た否定性と混同してはならない。否定性というのは、ここで私たちの見る近代的ニヒリズムよりも、明らかに存在論的かつ基礎づけ的なものである。

初期アガンベンによれば、「近代」芸術を構成するのは芸術・観者・芸術家の関係にもちこまれた破断である。「趣味」という近代的概念が展開され、観者と対象の関係を媒介する美学が展開されることで、芸術作品の起源や私たちの芸術「経験」の起源は不明瞭になってしまう。だが、彼によれば、近代芸術のニヒリズムは芸術に対してある条件を提供する。その条件とは、「もともとの高みにあらためて達する」条件である。それはつまり、私たちの芸術経験を規定している限定された言説を通じて意味を獲得するのではなく、自らにおいて、自らに関してふたたび意味に充ちたものとなる条件である。ここで彼が提示している中心的問題は、次のような近代美学の問題である。すなわち、近代美学のまなざしは関心によらない美という概念をあらわにしようと企てたが（これは、芸術作品を見て「これは美しいのか？」という問いに回答しうる判断基準を見いだそうと企てたイマヌエル・カントの伝統に則している）、その他方で、そこから導かれた芸術作品概念は情熱的なもの、関心に深く根ざしたものだった。関心に深く根ざしたその芸術作品とは、観者に関わるよりも芸術家の立場に自己内省的に関わるものである。アガンベンが思い起こさせているとおり、関心によらない美学的判断という近代的概念への移動は、古代世界の人々には莫迦げたものに見えたことだろう。たとえば、よく知られていることだが、プラトンは理想的とされた共同体であるポリスから詩人と芸術家を追放した。詩人と芸術家は共同体を破壊する潜在力をもっていると見なされたのである。アガンベンは古代の芸術モデル、とくにプラトンによる芸術モデルについて次のように述べている。「霊魂に対して芸術の及ぼす権力は大きいと彼は見なしていた。芸術だけで、自分の考える都市国家の基礎自体を破壊できてしまうだろうと考えたほどである。ところが、芸術を締め出すことを余儀なくされたとき、彼は嫌々ながらそうしたにすぎない」（A 1970 [1994], 14〔一〇〕）。プラトンは、芸術によって「神的な恐怖」が導入されたとしているが、この恐怖は今日、それとはかなり異なるものに形を変えている。アガンベンは続けて次のように指摘している。いまや、最も心動かされる、最も情熱的な芸術経験をしているのは芸術家である。芸術家は自分自身を芸術の対象へと流しこむ。そのような芸術家は美学の諸カテゴリーによってではなく、芸術家の「精神的健康」との関係によって計り知られるものとなる。

私たちはすでにプラトンによる芸術概念から隔てられている。このことは、「神的な恐怖」のようなものが今日、芸術によって実際に惹き起こされることはないということによって例証される。その他方で、一つにまとまったイメージを芸術が表象できなくなっているということは、芸術がもともとの目的から離れていくという近代の運動の徴候となっている。ここでアガンベンは中世のヴンダーカマーへと向かう(「Wunderkammer」は文字どおりには「驚異の部屋」を指す。英語の「cabinet of curiosities」とほぼ同じものである)。これが、前近代における芸術作品の理解を象徴するというのである。ヴンダーカマーには手稿、一角獣の角、鳥の剥製、カヌーといったさまざまな自然物や文物があり、そのなかに絵画が含まれていた。しばしばそれらは王の所蔵品であり、展示室に置かれていた。それは「調和あるごたまぜのなかに動物・植物・鉱物のマクロコスモスを再生産する一種のミクロコスモス」であって、そこでは「それぞれの物体は、部屋の壁と壁のあいだ、他の物体の脇に置かれることではじめて意味を見いだすように思われる。その部屋のなかで、学者はたえず宇宙の辺縁を計り知ることができた」(A 1970 [1994], 47–48〔四六〕)。このヴンダーカマーはさらに広大な、神的な世界概念の鏡となっていた。ここでは、芸術は世界を反映するものとされている。その芸術は個々の物体としてではなく、さらに広大な、さらに統一された世界観に合致することで世界を反映しうるものとなっている。彼が書きとめているとおり、このような芸術概念と、近代の美術館や画廊といった概念とのあいだにはほとんど何の関係もない。彼は次のように述べている。「ここに至って、もはや芸術作品は人間がこの地上に住まうことの本質的尺度ではなくなっている。芸術作品はかつてはそのような本質的尺度であることによって家を建て、住まうという行為を可能にしていた。それは自律的圏域も特定のアイデンティティももたず、人間の全世界を自らの内に要約し反映していた。ところが、いまや芸術は自分のために自分の世界を構築した［……］」（A 1970 [1994], 51〔四九〕）。芸術は自分自身の世界を作りあげてしまったことで、芸術家の世界を超えた先へと達することができなくなっている。

アガンベンによれば、近代芸術を定義づけているのは「美学的判断」と「内容のない芸術的主体性」という二現象である。この両者は、芸術作品の「もともとの要素」とされる二要素を否定するものと見なすことができる。その二要素とは、美学的判断なしに交流できるという能力と、芸術と世界の統一性のことである。彼が芸術研究を始めるにあたって立てているこれらの問いは、ロマン主義による芸術概念と秘かにではあれ関連している。ロマン主義は、啓蒙主義によって惹き起こされた哲学的・美学的な諸問題に対する一つの回答である。美学的判断という合理的概念を（宗教的な意味や政治的な意味が吹きこまれている概念をではなく）適用しようと企てることで芸術と「客観的」な意味で関わりあうことができるという自由は、芸術家にとっての自由・自律という結果を生んだ。芸術家は、かつておこなっていた正当化をいまや提示する必要があるとは感じなくなった。このことによって解き放たれたのが、芸術概念や芸術家概念は何を意味するのかということをめぐる永続的自己内省のプロセスだった。いまや芸術家に強迫観念として取り憑いているのは芸術作品の外にある世界ではない。芸術家は作品に取り憑かれ、また作品と自己の関係に取り憑かれている。この「ロマン主義」的世界観への移動によってもたらされるのは「真正の」経験なるものの探究である。そして、そのような真正の経験を依然として経験しうる独特な能力を備えた人間としての芸術家に焦点が合わせられる。この説話はアカデミズムの実践においてはかなりありふれたものではある。ただし、そのなかで彼は次のようなより広い問いを立てている。私たちは「芸術作品がそのもともとの高みにあらためて達する」(A 1970 [1994], 17〔一三〕)ことを欲しうるのか、また欲すべきなのか、というのがその問いである。この問いのなかには、アガンベンとロマン主義の関係に関するさらに大きな問いが横たわっている。

客観的な美学的判断基準が芸術家の没入する世界とのあいだで見せる分裂は、「趣味」というレンズを通して見ると、アガンベンによる近代芸術論を突き動かしている当の緊張状態になる。無媒介の直覚的反応に対置されるものとしての趣味がどのような展開を見せたかは興味深い。すでに指摘したとおり、これは啓蒙主義の合理性の発展に結びついている。趣味は、認可・統制されうる芸術への回答の集合的尺度となる。芸術作品にまなざしを向けることは、観者が自分の「よい趣味」を実践する機会となる。しかしながら、このよい趣味はつまるところその反対物とぴったり嚙みあうことになる。彼は次のように問うている。「[私たちの]趣味が、『ドゥイーノ悲歌』〔ライナー・マリア・リルケによる濃厚な実験詩〕とイアン・フレミングの小説〔「ジェイムズ・ボンド」シリーズ〕[……]ほど互いに相容れない対象のあいだで分割されるなどということがどうして可能なのか[?]」(A 1970 [1994], 31〔三一―三二〕) この問いへの回答は、私たちが応答しているのはもはや芸術作品に内属するものに対してではないということに関わっている。私たちはいまや、集合的消費を目的として芸術作品にまなざしを向けており、芸術作品の質を含んでいる核を取り出すことに失敗している。ひどい娯楽とスペクタクルによって成り立つこの世界において私たちが目にするのはまさに、私たち観者の悪趣味が自分の消費する芸術作品のなかに反映されているという現象である。そのような作品を消費する理由など私たちには何もありはせず、説明がつかないこともしばしばだが、それでも私たちはそのような作品を消費している。それは、私たちが応答しているのは作品に対してではなく、自分たちが同じような（悪）「趣味」を共有しているという慰安・安心をもたらしてくれる諸構造に対してだからである。じじつ、趣味は判断を破壊し、作品自体を見ることを不可能にする。趣味は、他の者たちの集合的理想を通じて作品を見るようにさせる。現代文化においては、誰かに強いられた趣味を通じて何かを評価するという例には事欠かない。ひどいスペクタクルの証人となるには、お望みの夜にテレビを点けるだけでよい。そして、私たちはそのスペクタクルを愉しんでいると称している。

では、悪趣味が共有されているこの世界において、何が芸術家に起こるのか？　アガンベンの指摘によれば、芸術家は観者の世界から自分を取り除くという。彼は次のように述べている。

> 観者が趣味を洗練させると、趣味は彼にとってそれだけいっそう影の薄い亡霊に類したものとなる。そのような観者を前にして、芸術家はますます自由な、ますます薄まった大気のほうへと動いて行く。自分の始めるこの移民によって、芸術家は美学的であることという極北の無主地へと押し出されることになる［……］。
>
> （A 1970 [1994], 29〔二七〕）

というわけで、この無主地を通じて芸術家という形象をたどるというのが『内容のない人間』の任務となる。そこであらわにされるのは、芸術家の召命が職人的な創造性から無駄な空虚さへと変容した様子である。この空虚さは、内容と創造的‐形式的な原則とが分裂したことに由来している。手短に言えば、芸術家は内容よりも形式を追求すること（その追求は媒体を探ることでなされる）と手を結んだ。その後に残るのは、自らの内容を美学的なものという形式的特徴の内に見いだそうと企てることだけである。

したがって、ラディカルに引き裂かれてあるというのが彼の条件である。この引き裂かれの外にあっては、彼においてはすべてが嘘である〔……〕。芸術家とは内容のない人間のことであって、無の上に表現が絶え間なく現れ出るということ以外のアイデンティティをもたず、自分の手前側に不可解に留まっているということ以外の首尾一貫性をもたない。

（A 1970 [1994], 82–83〔八〇—八一〕）

内容のない空虚な芸術家というイメージは強力である。このイメージは、ロマン主義がなぜこれほど自己内省性という強迫観念に取り憑かれているのか、二十世紀芸術がなぜこれほど芸術家という形象を無化しようという欲動に突き動かされているのかを説明してくれる。このイメージがその論理的帰結に至るのはポップ‐アートにおいてである。ポップ‐アートにおいて芸術家は生産者となり、生産物は複製可能となる。その生産物をより広範な文化のごみ屑から分離することができるのはただ、趣味の枠づけ（画廊に置かれること、ターナー賞を受賞すること、オークションで天文学的価格がつけられること）があるからに他ならない。ここにおいて、芸術家と芸術作品は同じ一つのコインの表と裏と見なしうる。両者はともに、ある芸術のイメージの罠にかかっている。「趣味」が制度化されていることによって、また芸術と世界が分裂していることによって、芸術はニヒリズムの状態へと導かれた、というのがそのイメージである。

このように見なすことで、アガンベンは近代美学とヨーロッパ的ニヒリズムの関係を描き出すことになる。すでに見たとおり、ニヒリズムとは諸価値を完全に空虚化してしまうことに与えられた名である。そこでは、特定の視点や取り組みが称讃・共有されうるとすることが、もしくはされるべきとすることが否認される。判断基準を空虚化してしまう諸価値のこの欠如が、フリードリヒ・ニーチェにとって二つの形を取るというのはよく知られている――受動的形式と能動的形式である。受動的形式の徴候となるのは衰退・退廃であり、その意志の弱さは近代キリスト教において同定することができるとされる。他方の能動的ニヒリズムのほうは、「権力への意志」を強化することを特徴とする。権力への意志とは、若返りのための潜在力をもたらす生気や活動のことである。アガンベンの読解によれば、近代的な受動的ニヒリズムという第一の形式のほうは第二の形式によって乗り越えられなければならない。この乗り越えが意味するのは、芸術や美学の制度そのものを破砕・破壊しようとするニヒリズム、芸術をそのもともとの目的へと回帰させることのできる活力を解き放とうとするニヒリズムである。

「もともとの」目的へと「回帰」させることをめぐるこの議論は、『内容のない人間』の結論部においてある程度までは明らかにされている。そこでアガンベンは、芸術の乗り越えをヴァルター・ベンヤミンの歴史論に結びつけている。すでに見たとおり、アガンベンの著作群がどのように展開されたかを見るにあたって、ベンヤミンの著作はきわめて重要である。ここで私たちが目にするのは、メシア的なものに取り組む初期アガンベンである。ここでは、芸術をそのもともとの目的へと回帰させてやることがメシア的時間の到来のようなものとして描き出されている。ベンヤミンは文化的伝達可能性の破壊が近代の支配的特徴であると見なしていたが、アガンベンの読解によれば、この文化的伝達可能性の破壊こそ美学が生み出されるもととなった当のものだという。芸術や文学において、またさらに一般的に言って文化において、もはや当の文化は自らの歴史を伝達することができない。形式と内容のあいだのこの破断は伝達可能性の欠如を導いたが、人類にとってこの破断は、「自分の歴史的状態を我有化する能力を失った人間に、自分の活動と認識の具体的空間を回復してやる」(A 1970 [1994], 171〔一六八〕) べく繕《つくろ》われる必要がある。アガンベンの指摘によれば、これは芸術が神話の王国に近づいて行く点、歴史を神話へと転ずる点である。これによって芸術は、伝達対象と伝達手段が一つになる点へと至ることになる。重要なのは、このことは近代において芸術が身を引き剝がしたかつての神話的理想へと回帰するということではないということである。これは新たな「詩的プロセス」

への回帰であって、そこにおいて「人間は、古いものと新しいもののあいだ、過去と未来のあいだの中間世界にたえず宙吊りにされているという自分の歴史的状態を脱することができないが、芸術はその人間の無能力をもとに、人間が現在において自分の住まいのもともとの寸法を測ることのできる空間自体を作り出すことにふたたび成功する。その空間において人間は、そのつど自分の活動の意味をあらためて見いだすことができる」(A 1970 [1994], 172〔一六九〕)。だとすれば、芸術は「詩的プロセス」の一部でなければならないことになる。その詩学によって私たちにもたらされるのはより広大な表象形式である。その表象形式は近代の分裂をないものとすべく、また未来の共同体のための基礎を準備すべく働く。『内容のない人間』の結論部において私たちは、後に無為としてあらためて定式化されるものの出現を、またその後の著作で重要な役を演ずることになる「詩学」の出現を目にする。

身振りに向かって——アガンベンとヴァールブルク

アガンベンが芸術批評において肯定的な、つまり生産的な契機へと転じようとするとき、ドイツの美術史家・文化批評家アビ・ヴァールブルク(一八六六—一九二九年)の批評実践は、近代美学の縮減的論理の罠にかかっていない美術史のイメージを提供する。アガンベンは一九七五年に、ロンドンにあるヴァールブルク研究所の図書館を一年をかけて歩きまわった。その研究は後に『スタンツェ』として刊行されることになった。アガンベンにおいて、ベンヤミン研究を正統とすればこの研究は異端として立ち現れたが、この二人はともに西洋史の同じ危機点において、不気味なまでに類似した領野を扱っていた。アガンベンがヴァールブルクの内に発見したのは、エミール・バンヴェニストの言語学やベンヤミンの批評プロジェクトの内に見いだされるべきものだった。ただし、ヴァールブルクにおいてはそれが特有のやりかたで美学的に、ないしはイメージにもとづいて表明されていた。彼のヴァールブルク研究は、それ以前の『内容のない人間』からの一種の断絶と見なせる。アガンベンはなるほど、ヴァールブルクの著作に対して念入りに、長きにわたって取り組んだわけではない。だが、彼のヴァールブルク研究は、先述の初期芸術論を、その後の映画論やさらに広大な考古学的（ないし系譜学的）方法とつなぐ重要な連結部を提供している。ヴァールブルク論（一九七五年）に寄せて書いた「後記」（一九八三年）で彼が述べているとおり、「[……]アクチュアリティをもち続けているのは、芸術作品の（さらにはイメージの）考察を芸術家の意識の検討や無意識の構造の検討から引き離すという彼の決定的な身振りである」（A 2005 a, 145〔一七五〕）。イメージはしばしば精神分析的視点から読解されるが――それはたとえば、あるイメージの構造を見ることで芸術家の潜在的欲望をあらわにしようとするということである――、ここではイメージが歴史的視点から読解される。イメージは孤立した個々の例としてではなく、歴史的モンタージュの部分として読まれる。その読解によってイメージ群はまとめられ、そこからイメージのただならぬ集結が引き出される。

ヴァールブルクが探ろうとしたのは西洋美術のある図像誌的歴史をあらわにするための潜在力だったが、その図像誌的歴史は、オーラを放ち他から孤立した美学的対象という空間には注意を払わず、それらのイメージをはるかに広大な星座の一部と見なすものだった。彼は画家の心理学やイメージの固定性を検討するのではなく、複数のイメージ間の運動を説明しようと企てた。彼は自分の美術史学を「ムネーモシュネー」と呼んだ。これはギリシア語で「記憶」という意味である。彼の「ムネーモシュネー」を導く原則となるのは、過去の記憶痕跡のようなもののなかにイメージが出現する瞬間をあらわにし、それによってヨーロッパ文化を「図示」しようとする企てである。そこで用いられる方法は、似通ったイメージを隣りに置き、相似と相違の両方を見いだすというものである。そこからはまた、眺めるうちにさまざまな意味がゆらめきたつことが可能になる。ヴァールブルクはこれを「テクストのない美術史」として描写している。それは具体的には、彼がイメージ間の親和性を見抜く独特の感覚にしたがって千枚の写真を配置した、計四十枚のカンヴァスからなるものである。そこでは、ルネサンスの傑作の隣りに女性ゴルファーの写真や蒸気船会社の広告が置かれている。この配置は彼の膨大な蔵書の整理法にも似ている。その整理法は「良い隣人」(A 2005 a, 127, n. 9〔一五五、註九〕)の原則なるものにもとづいている。その原則は、問題の解法は自分が探している本のなかにではなく、その隣りの本のなかに見つかるというものである。アガンベンは組織に関するこれらの原則によって、一般化されたイメージ理論を展開させることができた。このようにして彼は、芸術作品とは自分に没頭した芸術家の空虚さをあらわにするものだと見なす立場から、イメージはより広大な歴史のカンヴァスの一部だと見なす立場へと移る。

ここにおいてイメージは、個々に孤立したものとしてではなく、歴史という巨大な映画から取られた一コマ一コマの写真として解される。これによってイメージは、予測のつく空虚な美術史の説話を脱臼・混乱させるべく働くことができるようになる。通常の美術史は歴史一般と同じように、線形の縮減的な組織形式に結びつけられている。そこにあるのは、芸術がいかにある時代から別の時代へと変化し展開しているかを細部にわたって記す説話であって、そこにおいて美術史家が担うのは整序するという役割である。だが、ベンヤミンとアガンベンによる歴史認識を思い起こせば、連続体を作り出すというこの形式によって制限されてしまう可能性があるということはわかるだろう。その可能性とは、別の声が聞き取られる可能性、ただならぬ結びつきが生み出される可能性である。それに対して、アビ・ヴァールブルクが粗述したような形を取るイメージ主義的な美術史を考えれば、はるかに力動的で流動的な美術史が作り出されることだろう。アガンベンは「身振りについての覚え書き」で次のように述べている。

『ジョコンダ〔モナ・リザ〕』も『ラス・メニーナス』も、不動で永遠の形式と見なすのではなく、しかじかの身振りの断片、もしくはある失われた映画のなかの一コマ一コマの写真と見なしうる。そのような映画があるならば、それだけが『ジョコンダ』や『ラス・メニーナス』にその真の意味を取り戻してやることができるだろう。というのも、いかなるイメージにおいても、一種の緊縛（lirigatio）が、ものを麻痺させる権力が働いているからである。この権力をこそ追い祓わなければならない。まるで、美術史の全体から、イメージを身振りへと解放してくれという無言の訴えが立ちのぼっているかのようである。彫刻が枷《かせ》を切り離して動きはじめたというギリシアの伝説によって表現されていたのはまさにこのことである〔……〕。映画はイメージを身振りの故郷へと連れ帰る。

（A 1996 a, 50〔六〇―六一〕）

私たちはここに、「イメージ主義的」な芸術理論が映画的テクストの読解へと私たちを直接的に導く様子を見て取る。『内容のない人間』における図式が「破断」としての美術史理論へと向かおうと企てるものだったのに対して、イメージ主義的な芸術理論のほうは、芸術作品をつねにすでに破断されたものとして定立する。その破断されたイメージ群によって概念化される美術史は長い映画のようなものであって、個々の芸術作品はその映画から取られた一コマ一コマの写真に相当する。フィリップ＝アラン・ミショーは最近、ヴァールブルク思想は映画的性質をもつものであると論証した。ヴァールブルクの著作に対するそれまでの受容・継続の支配的傾向は、ルネサンスにおける象徴的なものを伝統的なやりかたで検討する方法として受け容れられ引き継がれるというものだった。だがミショーによれば、ヴァールブルク思想の支配的特徴となっているのは運動――活動しているものを芸術作品が捉えようとするやりかた――である。その運動は同時にまた、歴史をモンタージュとして見るという考えかたへと向かうものでもあった。そこからミショーは、ヴァールブルク思想は映画的契機の先触れとなるものだと論証しえている。「動くものを表象できる最初のイメージが流布していたちょうどそのとき、ヴァールブルクは美術史を動くものの観察へと開いていた」。ミショーはさらに、誕生期の映画においてもヴァールブルクにおいても、「動きのある形象を観察することから、生きものをアニミズム的に複製することへと向かう漸進的移行」（Michaud 2000, 35）が見られると指摘している。ここで鍵となるのは、差異によって身体の流体性を複製できるという映画の能力である。また、身振りを示している身体を捉えるべく目が訓練されたということも鍵となっている。

身振り

身振りは、芸術から映画へというアガンベンの運動を示すにあたって鍵となる概念である。それはまた、生政治的近代へと向かう運動がいかに映画の展開と絡みあっているかをよりはっきりと理解する役にも立つだろう。アガンベンは、広告やポルノといった媒介された形式が、到来する共同体の新たな身体の先触れとなる潜在力をもっていると指摘している。私たちはその指摘をこれから検討するが、そこで重要になってくるのがこの身振りなるものである。「身振りについての覚え書き」は彼の著作群のなかでもきわめて重要な論考である。これには三つのヴァージョンがある。そのなかにはマックス・コメレル論と映画論が含まれている。私たちがここで焦点を合わせるのは映画論である。デボラ・レヴィットが指摘しているとおり、この論考によって提示されている身振りの系譜学と、アガンベンによる近代生政治の系譜学のあいだには驚くべき並行関係がある（Levitt 2008, 194）。「身振りについての覚え書き」は、一八八六年にジョルジュ・ジル・ド・ラ・トゥーレットによってなされた人間の歩行の研究から、エドワード・マイブリッジの撮影した運動する身体のスナップ写真群や無声映画の誕生を経由し、マルセル・プルーストやライナー・マリア・リルケといったハイ・モダニズムへと至る運動を提示している。レヴィットが指摘しているとおり、私たちは一八八六年から一九三三年までのこの時代を、アガンベンのいう生政治的近代がメディアにおいて誕生した時期と名づけることができる。アガンベンはこれを「西洋ブルジョワジーが自らの身振りを決定的に失った」時点としている。

では、身振りとは何か？ ここで重要なのは、さまざまな身振りと概念としての身振りのあいだの区別を維持することである。さまざまな身振りとは、かつて人間の動きに見られた凝集性のようなものを指す。それは統合性、交流可能性のようなものである。これが衰微したというのは、観察と制御によって心理学的内面性が瓦解したということを意味する。さまざまな身振りが喪失されたということを、ここでは三つの部分に分けて考えるのが役に立つだろう。

一　全体で首尾一貫している、一体となっているブルジョワジー的主体が喪失されたということ。主体化プロセスはアイデンティティ幻想の一部だが、それが自己の断片化——脱主体化——によって終わりを迎えた。この自己の断片化は、近代の生政治的テクノロジーによってもたらされたものである。

二　イメージのオーラが喪失されたということ。私たちはイメージをもはや、身振りを捉えているもの、一体となっている完全なものとはみなさない。いまや、それはばらばらにされた映画から取られた一コマ一コマの写真である。

三　自然言語——全体で一体となっている完全なもの、意味に内属的に結びついているもの——という概念が喪失されたということ。私たちはいまや言語を、私たちから奪われたものとして経験する。

だが、概念としての身振りのほうは、さまざまな身振りを強調していた偽の統一性と対立関係にある。さまざまな身振りが「喪失」されたというのは、偽の統一性が喪失されたということである。その偽の統一性に生じたひび割れに関する問いは、この媒体の本性を新たに考えなおすという理念において本質的なものである。概念としての身振りとは、手段を手段として見えるようにしてやるプロセスのことである。それによって、概念としての身振りは手段性を示すものとなり、それは美学や言語や主体性を超えた先へ、倫理と政治の王国のなかへと入って行く。アガンベンの論考の出発点となっているのは、人間の歩行に関するジル・ド・ラ・トゥーレットの研究である。研究を公にする二年前（一八八四年）、ジル・ド・ラ・トゥーレットはある運動欠損に診断を与えた。いまではトゥーレット症候群として知られているものである。彼が気づいたのは一連の奇妙なチック、もしくは「突発的痙攣」だった。アガンベンは、そのチックが蔓延することによって「身振り性の圏域の全般化された破局」（A 1996 a, 46–47〔五六〕）が起こったと書きとめている。一見するとさまざまな身振りの喪失は、あたかも全人口が自らのさまざまな身振りの制御を失ったかのように、奇妙な歩行パターンが全般化されて噴出したということのように見える。だが、そうではない。さまざまな身振りの喪失は、一体となっている経験された全体としての身体把握が喪失されたということに関わっている。アガンベンによれば、十九―二十世紀のテクノロジーは私たちが自分自身や自分の身体を知覚するやりかたに変更を加えていると見なされる必要がある。計測や観察のための科学的方法が向上したということは、私たちが観察のまなざしを引き受け、人体を微細な運動と見なしはじめたということを意味した。近代の観察のまなざしは、そしてまた計測し理解し制御したいという欲望は、映画の登場に内属的に結びついている。ドイツのテクノロジー哲学者フリードリヒ・キットラーは、十九世紀における誕生期の動くイメージの形式がいかに解剖学的研究から出現したかを示している（Kittler 2003）。十九世紀末から二十世紀初頭にかけての映画的なまなざしは、近代の科学的観察との関係において見る必要がある。アガンベンが示唆しているのは、私たちは自分の身体を一体となった統一的なものとして「経験」するというかつての形式に回帰することを欲さなければならない、などということではない。彼が示唆しているのは、私たちは身振りの新たな可能性を考えることを欲さなければならないということである。

「身振り」の構造は、行為と生産という二つのカテゴリーの「あいだ」と見なされる。その「あいだ」は、手段と目的のあいだの偽の対立を無為化しようとする。伝統的な功利主義的哲学につねに見られるのが、目的は手段を正当化するのかという問いである。目的が充分に高貴であれば、暴力は手段として正当化されうるのか？　政治はしばしば、手段／目的という関係が働く圏域と見なされている。このことは、『ニコマコス倫理学』における「制作（poiēsis）」と「行為（praxis）」のあいだにアリストテレスが設けている区別に結びつけて示すことができる。これに対してアガンベンは、第三の概念にあたるものを導入するローマ時代の学者ウァロ（紀元前一一六―二七年）へと向かう――その第三の概念が身振りである。アガンベンは次のように述べている。「制作することがこれこれの目的のための手段であり、行為することが手段のない目的であるとすると、身振りは、道徳を麻痺させている、目的と手段のなす誤った二者択一を打ち壊す。それは、手段性の領域を手段であることで免れ、それゆえに目的になってしまうわけでもないような諸手段を提示する」（A 1996 a, 51〔六三〕）。つまり、身振りは目的に向かって動いて行く手段でもないし、純粋な目的という稀少化された圏域でもない。身振りはそのいずれをも粉砕する。「身振りとはこれこれの手段性を露呈させること、手段としての手段を見えるようにすることである」（A 1996 a, 52〔六四〕強調はアガンベンによる）。

　重要なのは、アガンベンは「身振り」を映画との関係において用いるにしても、身振りと言語の関係にこだわっているということである。言語における権威の喪失は経験の破壊をしるしづけたものであり、これはさまざまな身振りの喪失と結びついている。それに対して、言語における「身振り」は、言語そのものとしての言語、交流可能性の交流としての言語を示すことへと向かう運動を表象している。彼は次のように述べている。「〔……〕もし単語を交流の手段と見なすのならば、これこれの単語を示すということは、当の単語を交流の対象とするようなより高次の平面〔……〕を用いるということを意味するわけではない。それは、いかなる超越もないままに、当の単語がそれ自体手段であるということの内に当の単語を露呈させることを意味する」（A 1996 a, 52〔六四―六五〕）。では、言語的な身振りとはどのようなものか？　次章では彼の言語論を文学研究のために用いる可能性を検討するが、私はここでジェイムズ・ジョイス『ユリシーズ』へと向かい、身振りとしての言語を考える可能性を示そうと思う。ジョイスは「キルケ」の挿話で演劇脚本という形式を用い、「太陽の牡牛」における言語の崩壊をたどったうえで、言語にふたたび生気を与える可能性を検討しようとしている。挿話の冒頭付近でスティーヴン・ディーダラスは次のように述べる。「音楽でも匂いでもなく、身振りこそが普遍言語となるためにだ。つまり、それが天賦の舌の才能となって、素人感覚をではなくて第一のエンテレケイアを目に見えるものとし、構造的なリズムを目に見えるものとするためにだ」。それに対してリンチは「ポルノ智的な愛神論（pornosophical philotheology）だな」（Joyce 1992, 564〔一一三〕）と応えている。ジョイスは身振りを「普遍言語」として考えることに多大な関心を寄せていた。彼がマルセル・ジュースの講義に出席していたことはよく知られている。ジュースは、いまではほとんど忘れられているフランスの言語学者だが、一九三〇年に『口承の文体』という重要な本を刊行している。死後刊行された『身振りの人類学』（一九七四年）という講義録もある。スティーヴンの要求する普遍言語としての身振りが、口承言語の構造的リズムと結びつく何らかの物理的リズムに関係するものだと考えるならば、リンチの差し挟んだ言葉はいっそう、ギャグとしての身振りのような何かというか、言語における言語の露呈といったものになる。かばん語は読者を解読へと誘うが、当のかばん語によって示される意味に照らせば窮極的に無用である。この意味のない言語の提示は「その固有の手段性における単語」としての身振りの露呈に、よりいっそう近いものである。

だが、身振りのラディカルな潜勢力があらわにされるのは、限定された範囲においてではない。その潜勢力は、倫理と政治の基礎自体を新たに考えなおす土台として用いられるべき交点・境界の名としてあらわにされる。したがって、身振りは無為として働く。

> 身振り、これが生と芸術、現勢力と潜勢力、一般と個別、テクストと上演の出会うこの交点の名である。それは、個的な伝記的文脈を奪われた生の断片であり、美学的中立性を奪われた芸術の断片である。それはつまり純粋な実践である。それは使用価値でも交換価値でもなく、伝記となる経験でも非人称的な出来事でもない。身振りは商品の裏面であって、「この共通な社会的実体の結晶」が状況のなかに走りこむにまかせる。　(A 1996 a, 65〔八二〕)

身振りへと向かうにあたって鍵となるのは、アイデンティティが示す偽の全体性からの控除、単一性としてのイメージの虚偽性からの控除という理念である。生政治的近代において、その控除形式は私たちに対して、メディア・テクノロジーや統治性によって日常的に行使される。身振りというのが主体性と美学の崩壊を牛耳っている引き綱の名であり、映画はその身振りなるものの可能性が最も高い美学的空間である。

アガンベンの映画論

アガンベンの映画論はジル・ドゥルーズによって推し進められた映画理論に対する回答となっているが、他方では、実験的映画制作のかたわらでおこなわれたドゥボールの「スペクタクルの社会」の理論化に対する探査ともなっている。ジル・ドゥルーズ（一九二五―一九九五年）は影響力あるフランスの哲学者であり、アガンベンにとっては一連の哲学的な問いの対話者にあたる人物である。ドゥルーズの映画論は甚大な影響を及ぼした。映画は人間の目に依存していないイメージを作り出すことで新たな「見え」かたを私たちにもたらす、というのがその主張である。また、次のことはさらに重要である。すなわち、ドゥルーズによる「時間イメージ」の理論化によれば、映画という空間において、そこで提示されている時間は私たちの目に見えるものとなる。それに対して「運動イメージ」においては、映画という空間において、映画的効果（カメラのアングルなど）によって人間の生が新たに見えるようになる。ドゥルーズによれば、必要とされたのは映画的諸概念を通じて考えうる新たなイメージ理論を提示することだった。彼は次のように述べている。「映画はイメージと記号から構成されている、言語以前の可知的内容だと思われるのだが（純粋記号論）、言語学的着想に由来する記号学はイメージを廃し、記号なしで済ませようとする傾向がある」（Deleuze 1986, ix〔三二〕）。ここでは「映画的諸概念」を探ろうとするドゥルーズの企てに入りこむ余裕はないが、アガンベンは「身振りに関する覚え書き」でドゥルーズから距離を取ろうと企てている。アガンベンの指摘によれば、「運動イメージ」に関するドゥルーズの理論はイメージの神話的原型にあまりに依存している。ドゥルーズの理論は、近代においてイメージが根本的に破砕されているということを捉えそこなっており、そこには破断や転位という感覚が欠けている。その感覚こそ、アガンベンによればイメージ的なものの本質なのである。

破断としての映画というアガンベンの概念が最も完全な形で開陳されているのは、ドゥボールの映画に関する短い講演である。ドゥボールの映画は広範囲からサンプリングされたイメージ（ドゥボールの用いているフランス語で言えば「détourné（曲用された）」イメージ）でできている。それらのイメージは広告、映画、ニュース映像から取られている。それらのイメージが抜粋され無作為に並べられたところに、ドゥボールが自分の理論的著作を読みあげるオフの声が重なっている。ここでのねらいは、砕け散った映画を作り出すというものである。その映画では、メディア化された世界のイメージ群がもともとの文脈から引き離されてモンタージュのなかに置かれている。そのモンタージュからただならぬ星座が出現するかもしれないというわけである。ドゥボールの映画に関する短い論考において、アガンベンは二つの「モンタージュの超越論的条件」を同定している。それは停止と反復である。反復はここで記憶に、また特定の形を取る歴史的意識に結びつけられている。メディアはイメージを取りあげ、その説話の使用を制御し、私たち観者を無力な状態に放置しておくような意味をイメージにしみこませようとする、とアガンベンは指摘している。「〔……〕私たちは事実を与えられるが、その事実に対して私たちは無力である。メディアは、憤激するが無力である市民を愛する。それはテレビ報道の目標でさえある。それは悪い記憶である［……］」（A 1998 b [2004], 92〔二一五〕）。

それに対して、反復は可能性・潜勢力をはらんだイメージを提示する。反復されるというプロセスが意味するのは、当のイメージが意味から自由になっているということである。テレビの一シーンがもともとは異なる文脈で反復されると、それに与えられる意味はもはや限界づけられたものではなくなる。そこから、最初の意味はどのようにして可能だったのかと、また他の何らかの意味が出現しうるのではないかと問うことができるようになる。そうすると、イメージは生にしみこみ、観客である私たちは構築・再構築するという役割を引き受けなければならなくなる。その構築・再構築によってイメージが自由になり、私たちも自由になる。そこから「可能性」が回復される。第二の条件である停止というのは中断力のことである。アガンベンの指摘によると、この停止によって映画は詩に結びつけられる。映画は説話文体がしばしば散文と比較されるが、ここで映画が結びつけられるのは、散文に対置されるものとしての詩のほうである。後で文学論において見ることにするが、詩が散文と異なるのは句跨《くまたが》りがあるからだとされる。句跨りとは次行への先送りのことであり、そこではリズムと内容が不安定になることがある。このように、彼によれば詩は「音と意味のあいだの躊躇」であるが、ドゥボールの映画はそれと似た意味の崩壊を示しているとされる。これと類比的に、詩においても、形式（リズム、詩的技法）は「意味」と相争うものとして置かれうる。彼は「［……］映画、あるいは少なくともしかじかの映画」を「イメージと意味のあいだで引き延ばされた躊躇」（A 1998 b [2004],

93〔二二六〕として描写することになる。

しかしながら、ドゥボールの映画が現代のメディア世界から完全に取り除かれているわけではないと書きとめておくことは重要である。現代のメディア世界はドゥボールの映画のイメージの典拠でもあり批判対象でもある。アガンベンはドゥボールの映画の効果を、手段・媒体が可視化されるという効果として描写している。映画は観者において現実を宙吊りにすることを求める。これが幻影であるが、ドゥボールの映画ではこの幻影が取り除かれている（私たちはここで、ベルトルト・ブレヒトの叙事演劇のことをこれと類比的に考えたくなるところだろう。ブレヒトの演劇では、演技や舞台装置をはじめとするすべてが、演劇の悲劇的モデルに内属している感情移入を破壊すべく働いている）。映画自体の幻影的本性を露呈させるというのが映画の窮極の任務となるが、この見解は、『瀆聖』に収められている「映画史上最も美しい六分間」と題された断片においてあらためて繰り返されている。そこでアガンベンが参照している短いシーンは、オーソン・ウェルズの『ドン・キホーテ』からの、あまり知られていない抜粋である。そのウェルズ版『ドン・キホーテ』では、ドン・キホーテとサンチョ・パンサは近代アメリカ（一九五〇年代）にいる。アガンベンが参照しているシーンでは、サンチョ・パンサが映画館で若い娘と映画を観ており、ドン・キホーテはそこから離れたところにいる。映画が始まると、ドン・キホーテは自分の前でおこなわれている暴力によって行動へと駆り立てられ、ドン・キホーテ的な務めを果たさずにはいられなくなる。そして、当の映画のシーンを攻撃してめった切りにするが、それによってスクリーンにはぱっくりと穴が開き、スクリーンを吊るしている枠が見えてしまう。彼のおこなったスクリーンへの攻撃はもちろん、若い婦人を守ろうとする騎士道的な企てである。この攻撃によってあらわになるのは、彼には見えていないイメージと現実との隔たりである。しかしこれは、ドン・キホーテによる攻撃が、映画の幻影に対して私たちがおこなうべき破壊に対する隠喩となっているとアガンベンが示唆しているかのようだ、ということではない。このシーンを描写したアガンベンは、それに続けて次のように問いを立てている。「私たちは、自分たちの想像力で何をなさなければならないのか?」(A 2005 b, 108〔一三七〕) 私たちはドン・キホーテに成り代わって自分が救済しようと望む当の若い娘が自分を愛してくれることはけっしてないということに気づかなければならない、とアガンベンは指摘している。私たちの想像力は、新たなイメージ形式を再構築しはじめることができるためには「空虚で、充たされていない」ものとして露出されなければならない。新たな詩学と言ってもよいその新たなイメージ形式は、「いまここ」なるものの歪曲としての想像力という、しばしば映画がそうであるところのものを否認する。

この幻想の粉砕の一例としてアガンベンが挙げているのは、異論がなくもない例である。彼が引用しているのは、イングマール・ベルイマンの映画『不良少女モニカ』において映画スターが突然、キャメラのほう、つまり私たちのほうを直接見る瞬間である。アガンベンの指摘によれば、この技法は、ポルノから広告に至るまで私たちがなじんでしまったため、いまでは完全に陳腐になっている。ポルノが、また広告のファッション・モデルが私たちに見せているのは、それぞれのイメージの背後にはつねにそれ以上のイメージがあるということ、したがってそれぞれのイメージは空虚だということである。キャメラをじっと見つめるポルノ俳優というイメージにアガンベンはたびたび立ち戻るが、ここには、私たちが後に瀆聖として探ることにしている当のものが隠しこまれている。彼の主張によれば、ポルノはいまや瀆聖不可能である。瀆聖不可能なものを瀆聖しようとする企てこそが映画の任務である。

アガンベンは『到来する共同体』において、自己にまなざしを向ける新たなやりかたへと私たちを導きうるイメージとして、次のような形を取っている身体のイメージを提示している。

〔……〕技術化されたのは身体ではなく、身体のイメージである。広告の栄えある身体はこのようにして仮面となるが、その仮面の背後には脆いちっぽけな人間の身体が不安定な実存を続けている。娘《ガールズ》たちの幾何学的光輝は、収容所《ラーガー》で死へと導かれる無名の裸身のなす長い列や、高速道路での日常的虐殺において責め苛まれている何千もの死体を覆い隠している。

（A 1990 [2001], 43–44〔六六―六七〕）

ベンヤミンは「複製技術時代の芸術作品」で、映画とは映画的効果によって人間の身体の新たな見えかたが生み出されうる空間のことだと同定していたが、アガンベンは、ベンヤミンの言っていることをここでそのまま繰り返している。「カメラに向かって語る自然が目に向かって語る自然と異なっているることは明らかである。それはとりわけ次の点による。すなわち、人間によって意識の織りこまれた空間の代わりに、無意識の織りこまれた空間が置かれる」(Benjamin 1989, 376〔六一九〕)。広告やポルノがおこなっているのは、メディアのイメージを取り出し、そのイメージを図らずもではあれ虚偽性と空虚さにおいて示すということである。スペクタクル的な身体のイメージによって作り出される仮面が現実から分離されればされるほど、私たちは人間の身体の脆さへとますます露出されていく。他方、ドゥボールの映画はイメージを捉え、それを単なるイメージとして提示する。それによって私たちには媒体が見えるようになり、私たちは映画や芸術の幻影をただちに停止させることができるようになる。このプロセスにおいてこそ、私たちは映画を美学的媒体としてではなく、政治的媒体・倫理的媒体として見はじめることができる。

要約

アガンベンの芸術論は、芸術が動く力を失い、周囲の世界との関係を作り出す能力を失うもととなった近代的ニヒリズムの一形式を図表化しようとする企てとして始まった。彼は近代において趣味なるものが展開したことと、芸術家がますます独我論的になっていったこととを、芸術のニヒリズムや空虚さを示唆するものとして括り出した。そして、斜に構えたやりかたでではあるが、芸術に対してふたたび人間の歴史と結びつくように求めた。一九七〇年代にヴァールブルクの著作へと向かうことでアガンベンは美学観を洗練させた。それにあたって彼は、心理学で事柄を説明しようとするいかなる傾向をも、また芸術における個々のイメージを他から切り離しておこなう分析をも拒み、その代わりに人間の文化を一篇の長い映画のリールと見なすイメージ理論を展開させた。彼はこのイメージ概念を、映画に向かうことによって展開させた。それにあたって彼は、映画が停止と反復によって通常の説話機能を中断して媒体としての映画を見るように私たちに強いてくる様子を検討した。

第六章　文学という実験室

アガンベンは言語の機能に対して多大な関心を寄せている。その彼の著作にとって文学がきわめて重要な要素だというのは驚くにあたらない。じつのところ彼の著作において、理論的問題の解明にあたって文学から引かれた例が何らかの点（通常は決定的な点）でもち出されるのはよくあることである。だが、ここから示唆されるのは、彼が単に創造的作品を自分のテクストのなかに引き入れ、それを通じて自分が「語る」ことを可能にしようとしているということではないし、その逆のことでもない。彼は『イタリア的カテゴリー』でイタリア詩について、また詩と散文の関係について広範囲にわたって書いている。彼はそこで、ダンテ・アリギエーリをはじめとするイタリア詩人に関する重要な読解を提示している（この『イタリア的カテゴリー』は英語では、より文学的に言って中性的な、『詩の終わり（The End of the Poem）』という市場向きの題で刊行されている）。本章では、彼による文学論を四分割する。

一　詩・哲学・批評の関係
二　形象を提示する文学——フランツ・カフカ
三　詩と散文の分裂
四　詩学に向かって

これらの問題を一つにまとめているのは次のような確信である。文学は単に哲学的思考の役に立つというようなものではない。文学は、真理のような何かが語られうる空間になるとまでは言わずとも、少なくとも真理のような何かへと向けて身振りがなされうる空間になる。

詩／哲学／批評

アガンベンの『スタンツェ』（一九七七年［一九九三年］）の冒頭に登場するのは、彼の著作群を通じて繰り返されている畳句《ルフラン》である。いわく、「詩」と「哲学」は本源的に結びついたままである。この結びつきというのは、一方が他方の不在の諸条件を埋めるということ、また両者間の分裂から批評が生み出されるということである。彼による文学読解について注意深く考えようとするならば、詩・哲学・批評という三項間のつながりや結びつきを見て取ろうと企てるのは役に立つことである。彼によれば、哲学と詩は互いの否定的共生に直面しなければならないという。

〔……〕言葉の分裂とは次のような意味に解釈されるものである。すなわち、詩は対象を認識せずに所有し、哲学は対象を所有せずに認識する。西洋の言葉はこのように二つの言葉のあいだで分割されている。一方は、意識のない、まるで天から落ちてきたような言葉であって、それは認識の対象を美しい形式において表象しつつ享受する。他方はまったき真面目さと意識をもちながらも、対象を表象しえないがゆえに対象を享受することがない。（A 1977 [1993], xiii〔一三〕）

ここでアガンベンが提示しているのは、言語は自らが言っている当のものを意味しようと苦闘している、というありふれた哲学的視点である。スイスの言語学者フェルディナン・ド・ソシュールによって提示された構造主義的定式では、言語《ラング》は「シニフィアン」（単語）と「シニフィエ」（単語によって指示される参照対象ないし実際の対象）へと分割される。したがって、単語はけっして自らが言っている当のものを「意味」することはない。私たちは言語の経験においてつねに、真に「語る」ことができないという罠にかかってしまっている（このことはすでに私たちを、本書の第一章で検討した「声」と「否定的分節化」へと連れ戻しているにちがいない。アガンベンが多大な負債を負っているハイデガーの言語理解に幽霊のように取り憑いている、あの「声」と「否定的分節化」である）。だがアガンベンによれば、近代における詩と哲学の分割を通じて何かが生み出されるという。その何かとは批評概念のことである。彼が『スタンツェ』で書きとめているとおり、「批評は、分裂がその極点に達する瞬間に生まれる」。「それ［批評］は表象も認識もしないが、表象を認識する」(A 1977 [1993], xiv〔一三〕)。ここに見て取ることができるのは、二項のあいだにとどまる第三項を生み出す分割が二項論理をないものとすべく働くという、おなじみの構造である。批評は「表象を認識する」ことによって、ある表象可能性を遂行する。それは言語を働かせるということである。本書の第三章を思い起こすのが役に立つかもしれない。そこで私が詳述したのは彼がヴァルター・ベンヤミンに対していかに負債を負っているかということだった。私はまた、ベンヤミンの『ドイツ悲劇の根源』は二十世紀において批評的と呼ばれるにふさわしい唯一の本だとする彼の特異な言明も引用した。そこで私が指摘したのは、ベンヤミンのプロジェクトのもつ「批評的」本性は表象方法にこそ見いだされるということだった。アガンベンによれば、ベンヤミンのプロジェクトはイェーナ派ロマン主義のプロジェクトに結びついていた。ベンヤミンもイェーナ派ロマン主義者も批評的な詩的実践を発展させようと企て、その実践において詩的断片が批評的内省モデルを定めることを求めたというのである。

博士論文『ドイツ・ロマン主義における芸術批評の概念』でベンヤミンが論じているところによれば、イェーナ派ロマン主義者——ノヴァーリスとフリードリヒ・シュレーゲル——は哲学者ヨハン・フィヒテの思想を拡張しようと企てたという。そのフィヒテは、意識にとっての諸条件をあらわにしなければならないという必要性から主体を解き放とうと企てたとされる。フィヒテによれば、意識はつねにすでにそのようなものでありうるという潜在力をもっている。だが、ベンヤミンはフィヒテについて次のように述べている。

しかし、すでに判明したとおり、内省のなかには二つの契機が含まれている。直接性と無限性である。前者はフィヒテ哲学に対して、世界の根源と説明とをまさに当の直接性のなかに探し求めるべく示唆を与えるが、後者は当の直接性を曇らせるもの、ある哲学的プロセスを通じて内省から取り除くべきものである。最高認識の直接性に対する関心を、フィヒテは初期ロマン主義者と共有していた。彼らの認識理論にも克明に現れている、無限なものに対する崇拝によって、初期ロマン主義者はフィヒテから分離され、彼らの思考には非常に独特な方向づけが与えられた。

(Benjamin 1974 a, 25〔四五〕)

ベンヤミンの論文は、まずフィヒテ思想とそこからの初期ロマン主義者の逸脱を復元してみせる。その論文がその後で向かうのは、シュレーゲルがいかにこの新たなロマン主義思想のためにシステム・形式を構築しようと企てているかということである。この哲学の基礎となるべきとされる、無媒介にして無限の思考形式をシュレーゲルはいかにして表象しえたのか？　シュレーゲルが着手したのは、一方の単一性・全体性と、他方の無限の断片化とのあいだを形式において調停しようとする企てである。シュレーゲルは直観的なものを排除しようとしている。直観的なものとは、とくに幼少期の鮮明で持続的なイメージや記憶（ウィリアム・ワーズワス、象徴的なもの）を構成したりもったりするものである。このような思考形式が関わるのは通常、神秘的なものや神話的なものである。それは、思考を象徴的構成に対して開けたままにしておくことで、思考を閉じようと企てるものである。それは、複雑な全体を隠喩を通じて捉えようとする企てである。それに対してシュレーゲルは言語においてシステム的思考の直観を見いだしている、というのがベンヤミンの考えである。「用語法とは、彼の思考が言説性と直観性を超えたところで振る舞う当の圏域である。というのも、用語なるものは彼にとってはシステムの萌芽が含まれている概念であって、それは根本においては、前もって形成されているシステム自体に他ならなかったからである」（Benjamin 1974 a, 47〔八八〕）。この複雑な定式化によってベンヤミンが明確に示しているのは、シュレーゲルのシステムにとって言語形式はある複雑な全体を帰結するが、それは最小の形式、最小の断片へと反映される、ということである。だが、その断片は無限の拡がりをもつより広大な言語システムのなかで依然として機能している。シュレーゲルは『アテネーウム』誌で生み出した諸断片においてこのシステムを捉えようと企てた。ここでシュレーゲルは、哲学はいかに書かれるべきかを考えなおそうと企てていた。この課題は、思考と思考の表象との分裂については構想していなかった。

断片の表明は、まさに批評とは何かが理解されるなかにあるべきとされた。ベンヤミンにとってもロマン主義者にとっても、批評は思考の基礎づけであるとともに芸術の基礎づけでもある。それは、無限に対する自己内省的意識である。ノヴァーリスとシュレーゲルはフィヒテ読解から出発して思考の無限性に対する意識を発展させたが、この意識は芸術作品の理解においても見られる。私たちは批評を質的な意味で考えるが（私が評価の対象としているものはいかに「よい」のか？）、ロマン主義者によれば、批評はそのような意味で存在しているというよりも、自己批評という形式において存在している。この自己批評とはつまり、安定した、硬直した目的に到達することを思考にけっして許さない意識プロセスのことである。批評は目的のない手段となる。したがって、批評が意味するのは、作品は作品自体の批評に対する判断基準や潜在力を提供するということである。詩や芸術や哲学といった作品の基礎には無限の批評的計画があるとされた。

ロマン主義者による批評概念は啓蒙主義への応答から、とくにG・W・F・ヘーゲルの批評様式への応答から生じたものである。ここでは、測定や属性付与のプロセスが作品を追い越してしまうにつれて、芸術は批評によって蝕の暗がりに入る。だが、芸術は作品が依然として読まれるただ一つの理由である。批評はたえず芸術を働きから外し、解体し、それによって芸術を超えた先にまで行こうとする。思考と内省は芸術作品の権威を拒絶することによって生ずる。ベンヤミンが述べているとおり、「批評的であるということが意味したのは、あらゆる拘束を超えて思考を高めるということである。あらゆる拘束の虚偽についての洞察から、真理の認識がいわば魔法のように舞い上がるほど高く、思考を高めるということである［……］」。この意味で、ロマン主義者は批評の名のもとに、自分たちの努力が避けがたく不充分であることを打ち明け、それと同時にこの不充分さを必然的なものと見なそうとした。そしてついにはこの概念において、こう言ってよければだが、無謬性の必然的不完全性といったものを暗示した」（Benjamin 1974 a, 51-52〔九六―九九〕）。つまりベンヤミンによれば、批評という批判的関与は、対象に近づけばその対象に関する知に到達することができるということを否定する。知は表象形式を通じて生ずるとされる。これはアガンベンにとっても同じことだろう。批評は詩と哲学の分裂から生み出されるとされるが、その分裂へと立ち戻れば、私たちはアガンベンの実践がいかにその両方に関わるものかを見て取ることができる。彼は、この対立しあう二領域がふたたび一つになりうるような点に「回帰する」ことになど関心はない。彼が探ろうとしているのは、何が当の分裂の媒体となっているか、いかにその分裂が産出されるかが最もはっきりと示される点である。彼が焦点を合わせようとしているのは、彼が両者間の宙吊りの「エロティカ」と呼ぶところのものである。批評とは、その分裂の表象に対して与えられている名である。

だが、このことは文学テクストを読むうえでどのような意味があるのか？　これまで繰り返し指摘してきたとおり、アガンベンは哲学的概念がどこに立ち現れるかに関して制限を設けていない。このことは、哲学が自らの対象（言語）を知ってはいるがそれを捉えることはできないというところに多くを負っている。文学テクストにおいてこそ、真理は言語を通じて生ずる。これから見るように、文学は諸概念にとっての「実験室」なのである。だが、彼の実践によって示唆されるのは、批評方法とは本来、批評という媒体を通じて文学テクストの真理を表象しようとする企てであって、文学テクストに関する知を説くものではないということである。彼のおこなう文学テクストの読解はしばしば斜からのもので、彼の読解方法をよりはっきりさせるには説明が必要である。これから彼によるカフカ読解を検討するが、彼のカフカ読解に対して私のおこなう説明プロセス・読解はそのような意味での批評になってはいないということははっきり言っておかなければならない。というのも、批評とは、対象を示しも捉えもせず、その代わりに表象する、注意深く作られた「表象」だからである。

アガンベンとカフカ

アガンベンの著作には文学上の登場人物や形象が繰り返し使われている。それらの形象は、何らかの「真理」が創造的実践を通じて成立する点を彼に提供している。他の多くの批評的理論家と同じく、彼は自分の個人的「正典」を構築している。その「正典」の作者となっているのは主に男性のヨーロッパ人で、中世後期か十九世紀後半か二十世紀初頭に書いており、宗教や信仰に関する問題について葛藤していた人物である。例外はもちろんあるが、彼の文学的形象の過半数はこれらの特定の時期から出現している。その文学から引き出される形象は二つのタイプに大別することができるだろう。第一のタイプは境界的な、奇妙な被造物である。彼らは何らかの分割（人間／動物、人間的／神的など）を超越し、多くの境界ないし「あいだ」の状態を生じさせる。この「あいだ」の状態がアガンベンにとって非常に重要なものだということはすでに見たとおりである。彼はこれを指して「詩的無神学」と言っているが、これは、詩が主体性の空虚さと超越論的なものの欠如とを記載できるような歴史的な点（ドイツの偉大な詩人ヘルダーリンから始まっている点）を指すものと読むことができる。アガンベンは次のように述べている。

［……］あらゆる否定神学に対して詩的無神学に固有なものとしてあるのは、ニヒリズムと詩的実践が特異なありかたで一致しているということである。この一致のゆえに詩は、知られているあらゆる形象が脱臼させられて新たな人間もどきの、もしくは神まがいの被造物に座を譲る実験室となる。その被造物とはヘルダーリンの半神、クライストのマリオネット、ニーチェのディオニュソス、リルケの天使と人形、カフカのオドラデク［……］である。

（A 1996 b [2010], 86〔一五九―一六〇〕）

本書では後に聖俗について扱うことにしているが、そこでも見るとおり、アガンベンがこの主体ならざるもの、私たちなら「脱主体化された」実体とでも呼ぶだろうものの内に見いだすのは、構造化され押しつけられた私たちの主体性の形をないものとするというイメージである。それらの形象によってしるしづけられるのは、私たちがもはや宗教的な形を取った「超越」にも、いかなる形の確実性や基礎づけにも頼らなくなる点である。ここで、チェコ生まれのドイツ語作家フランツ・カフカ（一八八三―一九二四年）の創作物を検討するのは役に立つ。彼の著作の特徴となっているのは、どこか別の世界にいるという奇妙な感じ、権威的権力の手中にあるという偏執狂的無援感、そして人間の歪んだイメージである登場人物や形象である。カフカの名は彼の多くの著作とともに、アガンベンの著作群の各所に散りばめられている。そのアガンベンの著作には最初期のもの（『内容のない人間』）もあれば、最新のもの（「K」）も見られる。一九二四年の死以来、カフカによって残されたわずかではあるが濃厚な著作群を、学者たちは苦心してつつきまわしてきた。カフカ学者のなかでも第一の者、最も影響力のあった者といえばマックス・ブロートである。彼は神学的分析様式を創始し、以来それが支配的分析様式となってきた。その読解においては、カフカの世界観は彼のユダヤ教に由来する神学的・神秘主義的な問いへの関心の結果だとされる。権威主義的諸力に対するあの苛烈なまでの否定的描写にしても、人間未満の形象や形式にしても、ユダヤ思想を下支えしているとされる「否定神学」のようなものの結果だという。アガンベンによれば、このような取り組みによって、カフカにおいて働いている政治は不明瞭になってしまった。アガンベンはブロートおよび彼に追随した解釈学派に対して、多くの箇所で明らかな批判を提示している。それに対して、アガンベンの読解するカフカのほうは、批評の道程がヴァルター・ベンヤミンとともに始まっている。

ベンヤミンは「フランツ・カフカ」において次のように明言している。いわく、カフカが自然的なものの視点からも超自然的なものの視点からも、神学的なものの視点からも精神分析的なものの視点からも読まれてはならないということに疑念の余地はない。ベンヤミンの指摘によれば、カフカの世界において「正義への扉」を提供するのは研究である。サンチョ・パンサという謎めいた形象の内に、私たちは何か自由のイメージといったものを見て取る。ベンヤミンによる読解の精妙さとアポリアは両義性をはらんでいるが、ここで重要なのは、研究という形式――とくに「研究されているが、もはや施行されていない法」——が称讃されているということである。ベンヤミンが拒絶している精神分析的読解と宗教的読解はいずれも研究形式ではあるが、重要なのはそのような読解には何かテロスのようなものが備給先としてあるということである。そのテロスとは、現在を超えた先にある一点——分析主体の治療が終わるということ、メシアの王国が到来するということ——であって、そこに私たちは焦点を合わせることができるとされている。カフカの「新しい弁護士」でブケパロス博士は施行可能性のない法を研究するが、そのような研究をおこなうというのは法から法の権力を剝奪するということ、法を働かなくさせるということである。だがまた、カフカの著作がメシア的時間の痕跡で射貫かれてもいるとしている点でもアガンベンとベンヤミンは立場を同じくしている。なるほど、メシア的時間というこの特徴は、政治的読解とは共約不可能なものに見えもする。アガンベンの著作群においては、無為化プロセスがメシア的なものに可能性の条件をもたらす。カフカ読解において、アガンベンとベンヤミンはともにメシアの到来を要求している。より正確に言えば、彼らによればそれはメシア的時間（神学的なものの外、超自然的なものの外で機能する）である。その主張によれば、知覚できるかできないかというごく微小な何かが「ごくわずかな手なおしで」(Benjamin 1977 c, 433〔一五二〕) 変化したことになる。無為化するとは、この「ごくわずかな手なおし」に道を開くことである。これはつまり、私たちはカフカの政治について考えはじめることができるということである。その政治はメシア的なものとしてしばしば理解される。この「メシア的」という用語については次章で探ることにする。問題なのは、カフカに精神的世界観を見いだすことでも政治的世界観を見いだすことでもない。問題となるのは、カフカの著作に宙吊り行為を見いだすことである。その宙吊り行為とは、政治的な意味づけを帯びている非労働のことである。

オドラデクは詩的無神学の模範的形象の一つである。これはカフカの短篇集『田舎医者』に登場するが、このオドラデクなるものを最もうまく描写するとすれば、人間の形をした糸巻き、木製の十字が上部にくっついている平らな糸巻きとでもなるだろう。家にある風変わりな物品と思われるものだが、それに人間の属性——つまり語るものであるという属性——が与えられている。この短い物語というか断片（一ページあまり）で語られているのは、その被造物に対して家長が覚える不安である。家長がオドラデクに見て取るのは、語るものであるというのとは別の、人間の中心的特性（とアガンベンが見なしているもの）が途絶しているということである。いずれ死ぬものであるというのがその中心的特性であって、ここで問題をはらんでいるのはこの特性の途絶である。

いずれ死ぬものはすべて、死ぬ前に一つの目的といったもの、働きといったものをもっており、だからこそ身を粉にする。これはオドラデクには当てはまらない。そうだとすれば、ひょっとすると、あれはいつの日か、私の子どもや子どもの子どもの足もとで、撚り糸を引きずりながら階段を転げ落ちていることになるのか？　きっと、あれは誰を害することもないだろう。だが、あれが私よりも生き延びるところを思い浮かべると、ほとんど辛いような気分になる。

（Kafka 1994, 284〔二三二〕）

一見したところ生きていないように見えるこの物体の生をきっかけとして、アガンベンの著作群とあいまってさまざまな連想が生ずる。言語論や瀆聖論のさまざまな反響もさることながら、ここで際立っているのは動きの与えられた無生物としてのオドラデクである。彼の著作群のなかでオドラデクの名が挙げられている箇所はわずかであり、しかもその言及はつかの間のものである。『スタンツェ』のある章の題は、そのようなつかの間の言及の一つである。「オドラデクの世界で　商品を前にした芸術作品」というのがその題である。オドラデクがここで果たしている役割はかなり秘かなもので、当のテクスト自体でもこの物語はほとんど分析されていない。そこで分析されているのは、商品のフェティシズムの示す複雑な本性によって、物体がその物質的諸部分の総和をはるかに超えたものへと変容させられるという世界のイメージである。ある物体を見て、それに使用価値があると見なす（この斧は、私が樹木を切り倒す役に立ち、燃料と住処をもたらしてくれるから価値がある）代わりに、私たちは当の商品を用いてできることをはるかに超えた価値を商品に授ける（私は苦労してお金を稼ぎ、それを数ヶ月にわたって貯めてブランドものの靴を一足買うが、その価格はいかなる使用価値をもはるかに超過している）。このようにして、オドラデクは商品の近代を象徴するものとなる。マルクスによれば、その商品の近代において、私たちは物質的物体に神秘的ないし宗教的な価値があると見なすという。つまり、オドラデクに付与されているのは、人間的でもあり（話す）、神秘的でもある（不死である）という奇妙な属性である。その属性は、既存の諸カテゴリーがないものとされたり乱されたりすることのしるしとなっている。それは私たちが私たち自身の基礎とするもの――物質的、人間的、宗教的な基礎――をいささかも残さない。一つの文学的幻影を通じて私たちが目にするのは、ただ一つの形象が彼の理論的諸問題を照らし出す様子である。それは文学テクストの読解でもあり、その変形でもある。だが重要なのは、当のテクストはけっして汲み尽くされることがなく、つねにその包含の瞬間を超えた先で身振りを示すということである。そのテクストは読者に対して、文学的形象と彼のより広い著作群の両方に対して能動的かつ批判的に関わるよう強いてくる。

オドラデクは文学的形象の「詩的無神学」の一例である。アガンベンの著作にはこれとは別の文学的形象のカテゴリーもある。「実験」をおこなう者というカテゴリーである。彼によれば、文学とは存在論的諸問題・倫理的諸問題の探究をおこなうことのできる実験室である。彼は次のように説明している。

> 〔……〕実験は科学においてだけでなく、詩や思考においても準備される。詩や思考における実験は、科学実験のように単に仮説の真偽に関わるわけではない。これこれが真となるかならないかだけが単に問題になるのではない。詩や思考における実験は、存在の真偽の手前ないし向こう側で当の存在自体を問いに付す。それは真理のない実験である。というのも、その実験では当の真理が問題とされるからである。
>
> (A 1993, 68–69〔五四―五五〕)

ここでもカフカは、そのような実験のなかでも最重要の二つのものの典拠を提供している。いずれの実験も、法を無為化しようとする企てをめぐるものである。第一のものは、カフカの短い寓話「法の前」における農夫の戦略である。『訴訟』にも登場するこの物語は、法へと開いている門からなかに入る許可を門番から得るために、ある農夫が当の門のところで待ち続けて一生を費やしてしまうというものである。この物語をデリダが、全面的に「起こらない出来事」についての寓話として解釈したということはよく知られている。その解釈によれば、この起こらない出来事なるものによってあらわにされるのは、門番が守っているのは何でもないということ、門が開けているのは何に向かってでもないということだとされる。だがアガンベンによれば、その門が何に向かって開いているわけでもないというのはうわべのことにすぎず、農夫を法の幻想の犠牲者と見なすのは誤りである。アガンベンによれば、門が開いているということこそが法の権力を構成するのであって、それを閉めさせるということが目標になるのだという。彼は次のように述べている。「農夫の態度はすべて、門の閉鎖を獲得し、それによって意味のない効力を中断しようとする複雑な戦略に他ならなかったと私たちは想像することができる」（A 2005 a, 269–270〔三二八〕）。この戦略は、彼の無為の政治の地平を構成するように思われるメシア的任務にとって、きわめて重要な要素である。

アガンベンは「K」という最近の論考において、Kという形象に対する私たちの理解を改めようとした。それはまたしたがって、カフカの『訴訟』と『城』という二篇の小説に対する私たちの理解を改めようとするものでもあった。アガンベンはそのために、Kという文字のもつ二つの意味について複雑な検討をおこなった。古代ローマ法では、誣告者《ぶこくしゃ》は「kalumniator」と呼ばれたという。ある者が誣告者であるとされれば、その者を見てそれと同定できるように額に「K」という烙印が押された。誣告者は法システムにとってそれほど危険なものとされていた。アガンベンによると、『訴訟』の主人公は自己告発者として読まれなければならないという。そして、「あらゆる人」はKと同じ位置にいるものと認識されなければならない。自己誣告によって自己を相手取っておこなわれる訴訟はもちろん、告発を無効なもの、空虚なものにする以上、すべての訴訟のなかでも最も的外れなものであてしまう。訴訟はただ、法の構造的な空虚さのようなものをあらわにする実演でしかありえないことになってしまう。彼が述べているとおり、「これで自己誣告という戦略の絶妙さが理解できるようになる。これは、法権利によって存在に対しておこなわれる告発・告訴を働かなくさせて無為化する戦略なのである」（A 2009 b, 39〔四六〕）。つまり、彼のおこなう自己告発は、法を本質としてというよりシステムや構造としてあらわにする。それによって彼は、法から自分を「控除する」ことができるようになる。彼はそのために法のなかに入り、法が働かないことをそれによって証そうとするのである。

『訴訟』におけるKは自分を控除している。その他方、『城』のKが果たしているのもそれに劣らず無為な機能である。それは、法に法たる権限を与えるもととなっている境界を混乱させるという機能である。ここでアガンベンは、Kは「kardo」の略記だとしている。カルドとは、ローマの測量技師が線を描くプロセスに与えていた名だった。アガンベンが書きとめているところによると、測量技師はローマ法においてはきわめて重要だった。それは、法は自らが作動するにあたって法の境界・防壁を必要とするからである。カルドは「castrum」という空間を測量するために用いられていた。このカストルムは城を意味することも、野営地を意味することもある。Kは、自分の業務は「境界を確定する」ことだと告げており、これはまた彼自身の名によっても確証される。これによって示唆されるのは、彼の立場は測量技師の立場として読まなければならないということである。だが、Kが村から言われるとおり、村は測量技師を必要としていない。村の地図はすでに完全にできている。これに対して、アガンベンの読解によれば、Kは高いものと低いものの分割、城と村の分割をやりなおすために来た者だとされる。ただし、城において、Kが挑むべくやって来た当の関係において象徴されているのは窮極の主権的権力・神学的権力ではない。アガンベンによれば、境界を永続させているのは代務者、つまり高いものと低いもののあいだの防壁として自らを置く役人たちである。Kがいつまでもヴェストヴェスト伯爵に面会できず、城の役人にしか会えないのはそのためである。伯爵の実在はじつのところ非実在なのである。私たちはここに、『訴訟』における法に関するアガンベンの議論とぴったり嚙みあう部分を見て取ることができる。法は、私たちが法の存在を信ずるかぎりにおいて存在する――境界が機能し続けるのは、私たち（城の代務者）が境界を尊重し続けるからである。アガンベンの指摘によれば、カフカが相手取っているのは神的なものを「作りあげること」であって、神的なものそれ自体のほうではない。伯爵の実在を作りあげているあの役人、城のもつ特権的立場を維持することによって城に構造的な位置を与えているあの役人こそが、境界自体の代わりとなっている。アガンベンによって議論の最後に立てられている問いは、私たちによる法の構想を支配している分割のすべて——構造的分割、物理的分割のすべて——を無為化することがいかに重要かを証している。

高いものと低いもの、神的なものと人間的なもの、純粋なものと不純なものは、出入り口（つまり、それらの諸関係を統制する成文法・非成文法からなるシステム）が中和されてしまったならばどのようなものになるのか？ 小説〔『城』〕の執筆を決定的に中断したときにカフカが書いていた物語〔「ある犬の研究」〕の犬の主人公が研究対象としている「真理の世界」はどのようなものになるのか？ それらこそ、測量士がかろうじて垣間見ることのできたものである。

（A 2009 b, 56–57〔六五〕）

私たちはこの例を見れば、アガンベンが状況を混乱させるべく、権力形式を無為化すべくいかにこれらの登場人物（形象というのがよりよい単語であるが）を用いているかをはっきりと見て取ることができる。アガンベンが明言しているとおり、ここでの「境界」とは物理的境界ではなくカテゴリーに関する境界である。それは、Kが無為化しようとする統制システムにして分離システムである。だが、神的なものと人間的なもの、高いものと低いものといったカテゴリーの無為は、さらに受動的な形を取った無為と関わっているにちがいない。受動的な形を取った無為とは構造的緊張状態である。一見したところ、アガンベンによる「詩的考古学」の新たな形象はKと同じではないようだが、この論考を締めくくるにあたってアガンベンが提示している奇妙な類比によって両者は同じものとされている――その奇妙な類比とは、Kの無為と、カフカの「ある犬の研究」の主人公が探し求めている「真理の世界」とを比較するというものである。この「ある犬の研究」を無為の政治に沿って読むと、そこから無為なものの地平に関してさまざまな問題が生ずる。また、現れうる戦術ないし戦略についてもさまざまな問題が生ずる。

このカフカの短い物語の主人公は犬である。彼は自分の存在が限界づけられた低俗なものだと見なし、それを超越しようと企てる。だが、その企てをいかに試みようとも、別の存在のありかたの可能性を垣間見た彼は、自分の動物的な欲望や欲動を超越しようと苦闘することになる。人間のような形をした犬である彼は、アガンベンの称讃する人間もどきの無為な存在である。だが、企てに失敗することによって、彼は私たちに無為の政治の重要な特徴を提供する。その特徴とは、バートルビーのばあいのような言説ではなく、沈黙である。物語の冒頭で導入されているのは、根本的に変わることについての失敗、ないしは少なくとも無能さである。「私の人生はどれほど変わってしまったことか、そして根底ではどれほど変わっていないことか！」この犬は若いころ、一群の犬が「ぎょっとするような音」を立てているのを目撃したとき、生に最初の変化を被った。その音は逆説的にもある沈黙という形を取っていた。「彼らは話さず、歌わず、概して言えばほとんど頑固なほど沈黙していたが、空っぽの空間から魔法のように音楽を取り出していた」。語り手である犬にとって、この犬たちの沈黙の音楽は、犬のまた別のイメージを垣間見せるものである。語り手が次のように述べているとおりである。「この犬たちは法を犯している」。はじめ、彼らが法に違反しているということ、他の犬の呼びかけに応えることを拒否するということに対して、語り手は憤り、不快になる。だがこれによって、犬の置かれた立場に関する問いただしが起動され、動物的欲望を否定するということをねらいとする一連の「科学的」実験が始められる。

だが、この動物的欲望の否定を語り手は単独で企てることになる。仲間の犬たちとうまく交流できないからである。彼はこの交流の欠如をめぐって、彼自身に関する一連の仮定的な問いを立てる。

「〔……〕さあ声をあげろ。ただ問いの形だけで声をあげるのではなく、回答として声をあげろ。おまえが声をあげたならば、誰がおまえに抵抗するだろうか？　犬族の大合唱が、待ち受けていたかのようにそれに加わるだろう。そこでおまえは好きなだけ真理、明晰さ、打ち明けを手にする。おまえが陰口を言いつのっていたこの低次な生活も屋根が開き、私たちは皆、犬と犬が手を取りあって高次の自由へと上昇していくだろう。それがうまく行かず、これまでよりもひどくなり、全真理が半真理よりも堪えがたく、生活維持には沈黙こそ正当と裏づけられ、私たちのいまなお抱いているごくわずかな希望がまったくの希望のなさになってしまうとしても、おまえが生きてよいとされているようには生きたくないのであれば、この試みもやってみるだけの価値がある。そこで訊くが、おまえは他の者たちが沈黙しているのを非難しておきながら、なぜ自分は沈黙しているのか？」回答は簡単だ。私は犬だから、である。（Kafka 1992, 442–443〔四〇七—四一三〕）

犬という種には、また犬である自分には何かを変えることなどできないと知り、この犬は諦めのなかで「沈黙した研究」へと自分を従わせる。この一節に見られる政治的暗示や宗教的暗示は避けがたい。何かを変えたいというすべての希望は沈黙へと縮減されてしまう。自分は自分自身でしかありえず、交流することができず、共同体を見いだすことができないからである。彼は単独で進む。彼について訊ねうる唯一の問いは「おまえはこれをいつまで堪えようというのか〔……〕?」というものであり、それに対して彼は次のように応える。「見込みでは、自然に訪れる終わりまで私は堪えよう。心を騒がせる問いに対しては、年齢を重ねるごとに深まっていく安らぎが抵抗してくれる。私は沈黙し、沈黙に取り巻かれてほとんど平和に死ぬだろうし、私は落ち着いて死を待ち受ける」。『訴訟』の末尾を思い起こしておくことも重要である。「〔……〕紳士の一人がKの咽喉に手を掛け、そのあいだにもう一人がナイフを心臓に深々と突き刺して二回ひねった。霞んでいくKの目に見えたのは、自分の顔の近くにこの紳士たちが頰を寄せあって最終決定を観察しているところだった。「犬のように!」と彼は言った。恥が自分よりも生き延びていくような気がした」(Kafka 1990, 312〔二八五〕)。「ある犬の研究」の残りの部分は、犬であるという自分の本性を超越すべく食物を拒否しようとする企てになっている。この実験は、死の淵にあって、自分の狩り場から出て行けと一頭の狩猟犬に命令されたときに失敗に終わる。彼自身の結論は、自分の実験は失敗だったが、自分の科学的な無能さは自分を駆り立てる自由を求める本能にもとづいている、というものである。実験をおこなう無神学的形象であるこの犬は、アガンベンによるカフカにおいては模範的なものである。そのカフカは、批評のプロセスを通じて照らし出され、また分節化されてもいるカフカである。

詩と散文

すでに指摘したとおり、アガンベンの著作によって私たちに提供される文学テクストの読解方法は、文学テクストを批評的・哲学的な諸問題の一覧ないし目録として捉えるものではある。だが、彼の文学研究を、批評のパラダイムを脚色するために創造的作品の錆を落として磨くような日和見主義的読者による研究と見なしてはならない。詩学や詩について彼が論じたものを見れば、詩的形式や文学史に対して彼がより高い意識をもっていることは示される。なるほど、彼の著作はしばしば、何らかの哲学的袋小路「を超えた先」に赴くことのできる潜在力を示すべく、多くの重要な契機において詩へと向かっている。だがこのような用法はつねに、彼が詩的形式に対して深い理解を示しているということを前提にしている。第一章で見たとおり、彼は『言語と死』において十二世紀のプロヴァンス詩人たちへと向かっている。彼はそれによって、ハイデガー的伝統の遺産たる「言いえない基礎づけ」に休らっていないような言語使用を示唆しようとしている。それにあたって、彼は弁論術を検討対象としている。それと同じように、彼は『スタンツェ』の第三部では中世フランスの詩篇『薔薇物語』の集中的読解を提示している。『残りの時』でもアルノー・ダニエルの六行六連詩に関する議論がなされている。しかしながら、アガンベンの詩論をこのような個々の例から要約しようと企てるのは困難である。彼は詩が重要だと明言しており、そこに曖昧さはまったくない。しかし、そのことが意味するのは、詩はつねに同じやりかたで読まれるとか、詩は反復される構造的な場を保持しているとかいうことではない。私が指摘したいのは、このようなことは彼の著作における詩——ここでは韻文的伝統と同一視しておく——と詩学との関係に由来しているということである。ここで詩学というのは、映画論において簡潔に見たとおり、倫理と政治に関するはるかに広大なヴィジョンを地平としてもっている、より一般的な表象形式に付された名である。

一見すると、『イタリア的カテゴリー』はイタリアという個別の文脈の外にはあまり関わりがないように思えるかもしれない。この本は、一九七〇年代に彼がイタリア人作家イタロ・カルヴィーノとクラウディオ・ルガフィオーリとおこなった一連の議論から生まれたものだという。その議論のなかで彼らは、イタリア文化を支配している中心的諸概念を検討するのに用いることができるさまざまな「イタリア的カテゴリー」を作り出そうと企てた。この「計画」は完了には至らなかった。アガンベンの諸論考がしるしづけているのは、ダンテから二十世紀の詩人ジョルジョ・カプローニに至るイタリア詩を支配するさまざまな対立関係に取り組もうとする企てである。それらの全論考を細部にわたって分析することはできない。ここでは、詩の構造を扱う諸契機、とくに音と意味の関係を検討することにする。アガンベンによれば、音と意味のあいだの緊張状態は、詩の構造を悩ませている危機を理解するにあたって必須である。

アガンベンの中心的テーゼは、詩は句跨りによってのみ散文から区別されるというものである。この堅苦しい用語が指しているのは、文がリズム上定まっている詩行を超えて先まで続いている状態である。それはつまり、文の意味が韻律と緊張状態にある状態を指している。詩的散文の一節は、いかに内的リズムと韻律を備えていようとも、この緊張状態をもつことがけっしてできない。彼が述べているとおり、「詩は、韻律上の限界を統辞論上の限界に対置することの可能な言説として、散文はそのような対置の不可能な言説として定義づけられることになる」(A 1996 b [2010], 37〔六八］）。ウィリアム・バトラー・イェイツの「アダムの呪い」のような詩のことを考えてみよう。ここでは、韻律は散文においても整えられうるが、この詩の統辞——詩行を超えて続く文——と韻律の関係が緊張状態を作り出している。その緊張状態において単語の意味と言語の統辞は対立しあっており、それによってこの詩は句跨りの古典的な一例、つまり詩的言説となっている。

ある夏の終わりに私たちはいっしょに座っていた、
きみの近しい友人の、あの美しい穏やかな女性と、
きみと私だ、それで、私たちは詩について語った。
私は言った、「一行書くのに数時間かかるだろう、
でも、それが一瞬の考えに見えるのでないならば、
私たちの縫ったり解《ほど》いたりも無と同じことになる。

そんなことなら、両膝の皿に体を預けてしまって
台所のタイル磨きをするほうがましだ、あるいは
老貧者のようにどんな天気でも石割りするほうが。
なぜなら、甘美な音の数々をつなぎあわせるのは
そうしたことよりましてきつい仕事だというのに、
それでも、世間からは殉教者たちと呼ばれている
銀行家だとか、学校教師だとか、聖職者といった
煩《うるさ》い連中から怠け者と思われているのだから」と。
〔原詩では音節数が揃えられ、脚韻が踏まれている〕

We sat together at one summer's end,
That beautiful mild woman, your close friend,
And you and I, and talked of poetry.
I said, 'A line will take us hours maybe ;
Yet if it does not seem a moment's thought,
Our stitching and unstitching has been naught.
Better go down upon your marrow-bones

And scrub a kitchen pavement, or break stones
Like an old pauper, in all kinds of weather;
For to articulate sweet sounds together
Is to work harder than all these, and yet
Be thought an idler by the noisy set
Of bankers, schoolmasters, and clergymen
The martyrs call the world.'

（Yeats 1997, 78〔八五〕）

イェイツの句跨りは統辞と形式のあいだに緊張状態を強いる。「そんなことなら、両膝の皿に体を預けてしまって／台所のタイル磨きをするほうがましだ、あるいは／老貧者のようにどんな天気でも石割りするほうが（Better go down upon your marrow-bones / And scrub a kitchen pavement, or break stones / Like an old pauper, in all kinds of weather）」を取りあげてみよう。ここでは、英雄ふうに大げさになっている対句が文の意味に対抗させられている。第三行がなければ、この対句はほとんど意味をもたなくなる。ここでリズムと意味は第三行へと持ち越され、形式の緊縮をあらわにすべく働く。アガンベンはポール・ヴァレリーにしたがって、詩とは「音と意味のあいだの躊躇」であると言っているが、これはそのアガンベンのテーゼを模範的に描き出すものとなっている。

この区別は韻律学（作詩学）においてはありふれたものだが、アガンベンはこれをいっそう推し進め、詩はその「終わり」によって、つまり音と意味が一致する点によって悩まされていると論じている。詩という言説のアイデンティティは音と意味の対立を永続させ長引かせることと絡みあっているので、「これこれの詩の最後の詩行は詩行ではない」とされる。つまり、詩の終わりは詩と散文のあいだの「決定不可能性」の点である。その点によって、「音が意味の深淵へと崩れ落ちるところである」(A 1996 b [2010], 141–142〔二五二―二五五〕)ような、何か詩の「危機」のようなものが構成される。だが、彼によれば、そのようなことはまさしく起こらないことである。音と意味は一致しない。結果はただ沈黙、「終わりのない落下」でしかありえない。彼によれば、そこにおいて詩はついに務めを果たす。「詩はこのようにして、自らの高慢な戦略のねらいをあらわにする。言語の言っている当のことにおいて言語自体が言われぬままにとどまってしまうことなく、言語自体を伝える、ということに言語がついに成功する、というのがそのねらいである」(A 1996 b [2010], 144〔二五八〕)。この謎めいた結論によって示唆されているのは、詩のねらいは「交流可能性の交流」としての言語の機能へと注意を惹きつけることによって言語の本性をあらわにすることだ、ということである。だが、これは正確にはどのようなことなのか?

この問いへの回答は次のような詩になるだろう。すなわち、音と意味を互いに対立させることによって言語を緊張点へと突き出す詩、あるいは詩自体の脆さをあらわにしようと企てる詩である。アガンベンの挙げている例のほとんどはイタリア語、フランス語、ドイツ語からのものであり、彼の著作に引かれている英語詩の例は稀である。そこに含まれる詩人にはヴァレリー、ダンテ、カプローニ、ステファヌ・マラルメ、パウル・ツェラン、ライナー・マリア・リルケ、フリードリヒ・ヘルダーリンがいる。だが、あるところで彼は、エドガー・アラン・ポウやマラルメなどの伝統を継ぐ者としてアメリカ詩人ウィリアム・カーロス・ウィリアムズに言及している。アガンベンは『スタンツェ』で次のように述べている。「もしかすると彼の『パターソン』は、オーデンの『不安の時代』とともに、現代詩における長篇詩の試みのなかでも最も成功しているものかもしれない」（A 1977 [1993], 63, n. 7〔一一四、註七〕）。奇妙な選択だと驚く読者もいるだろうが、アガンベンが『スタンツェ』の文脈で示している関心は、作品自体よりも作品を作り出すことのほうに取り憑かれるというロマン主義的強迫観念に対するものである。彼によれば、ウィリアムズは作品の不可能性が作品自体の代わりとなる、そしてまた作品の不可能性に関する内省が作品自体の代わりとなるような詩人である。ここから見て取れるとおり、彼はウィリアムズを、本書ですでに議論の対象としたイェーナ派ロマン主義者へと遡る系統に連なるものとしている。

だが私が指摘したいのは、ウィリアムズに対するこの参照は奇妙な脱線以上の何かを提供しうるものだということである。アガンベンは句跨りこそが詩と散文の区別を保持しようとする詩人の企てだと信じているが、ウィリアムズはそうではなく、緊張状態を引き起こしてしまう詩人の一人である。アガンベンの関心を惹いている詩的形式を示すために、私は簡潔に、彼が光を当てているウィリアムズの詩『パターソン』の第二節に関する註釈を提示しよう。この長い詩（「叙事詩」という用語を使う者もいる）は、ウィリアムズの地元にあたるニュー・ジャージー州パターソンに関するものである。ヨーロッパ的な詩的形式はそれまで、詩人ウィリアムズに制約を加え、抑えこむようなリズムを強いていた。彼はアメリカ的言説の自然なリズムがもつ無媒介性から取り除かれてしまっていた。パターソンのような場について語ることができる、真にアメリカ的な詩があるとすれば、それはヨーロッパ的な詩的形式の足枷から自らを解き放ち、アメリカ的アクセントのなかに自然に生じてくるリズムのあいだに自らのリズムを発見するものでなければならない、というのが彼の考えだった。(ここでは、彼が『パターソン』を朗読している録音を聞くのが参考になる(Williams nd)。) だが、このことによって示唆されるのは、ウィリアムズには詩的形式が何もないなどということではない。それどころか彼の詩は、詩に詩自体を伝えることを可能にさせ、詩と散文のあいだの極小の差異をあらわにする、高度に文体化された詩である。

後期ウィリアムズの詩は、配置と声に関する実験を特徴としている。人によっては自由韻文詩と同定するかもしれないようなものが一方にあり、散文の一節が他方にあるとしたばあい、後期ウィリアムズの詩においては、その両者のあいだで一方から他方へと移行するということが見られる。詩はあらかじめ押しつけられた形式を用い、またさまざまな配置を用いて、声の緊張状態に注意を惹きつけようとするが、けっして「自由」ではない。彼によれば、自由韻文という概念そのものが、当の用語自体において矛盾している。リズムをもつにしてももたないにしても、まずそれは詩とは表されえない。そこで、彼の詩では、内的リズムの形式が表面上の意味と統辞とともに働く。そこから生み出されるのは、言語において単語自体の交流をあらわにすることのできる精妙な緊張状態である。このタイプの詩は、e・e・カミングズの悪名高いバッタの詩のような形式を取るのが最も論理的と思えるかもしれないが、私が指摘するのは、カプローニのような詩人に関するアガンベンの分析はそれよりもはるかに精妙な何かを示唆するものだということである。たとえば、『パターソン』から次の一節を引いてみよう。

下落は
　　絶望の数々でできており
　　　　遂行を欠いているが
新たな目醒めを実現する——
　　　　　　その目醒めは反転したものだ
絶望の。
　　　　なぜなら、私たちの遂行できないもの、
それは愛に対して否定されている、
　　期待の内に私たちが失ってきたものだが——
　　　その後におとずれる下落は、
終わりのない、破壊されえないもの
　　　　　　　　　　　　。

The decent
made up of despairs
and without accomplishment
realizes a new awakening :
which is a reversal
of despair.
For what we cannot accomplish, what
is denied to love,
what we have lost in the anticipation —
a decent follows,
endless and indestructible .

（Williams 1995, 79〔一四一〕）

仮に改行と空白をすべて取り除けば、この一節は、内的リズムと注意深い句読とを備えた詩的散文の一片として読めるだろう。だが、空白を入れることは、散文にはできないやりかたでリズムへと注意を向けさせる。このように不規則に空白を入れられることによって、個々の語句が孤立し、統辞的水準で内属している「意味」が挑発を受け、私たちは何らかの単語に強勢が置かれているのではないかと問うよう強いられる。また、これを視覚的に読む可能性もある。ページをくまなく読むのではなく、ページの下方に〔日本語では左方向に〕向かって読むということである。そうすると、緊張状態は、視覚的な第一行が両義的な意味を取るだけにいっそうはっきりする〔行頭が上端に揃っている詩行だけを読むと「下落は、絶望の新たな目醒めが、終わりのない、破壊されえないものとして、愛に対して否定されていることに気づく（The decent realizes a new awakening of despair is denied to love, endless and indestructible）」となり、意味が通る〕。愛は絶望の下落から救い出されるのか？「終わりのない、破壊されえないもの」というのは下落のことなのか、それとも愛のことなのか？ この詩を整序し、韻律的・統辞的な諸限界を置くにあたっていずれのやりかたを選ぶにしても、ここで私たちが経験するのは、言語が言語自体に他ならないということを意識するという経験である。すなわち、ここで言語は言語自体において意味するのでもなければ、言語自体について意味するのでもない。言語はただ、「終わりのない」下落という罠にかかった言語自体に他ならない。ただし、その言語は「破壊されえな」いからといって黙示的だというわけでもない。その言語は黙示的ではなく、異言的である。その言語は異言的であることによって、意味するという潜在力をも、意味しないという潜在力をも帯びている。その潜在力が要約されている当の詩において、言語は言語の生起と活力とに注意を惹きつける。これは、「終わりのない落下」こそが詩概念をしるしづけているものだとするアガンベンの考えを繰り返すものとなっている。ウィリアムズは『自伝』で、詩の役割に関する際立った註解を提示している。それは、ある滝から着想を得た、次のようなものである。「滝は、滝壺にある岩にぶつかって咆哮をあげていた。想像力においては、この咆哮は言説というか声、とりわけ言説である。その言説への回答が詩自体である」（Williams

1967, 392〔四四九〕)。「言語自体」に応答して語らう詩というこの考えかたは、アガンベンの詩論、またさらに広く言語論にとって適切な隠喩を提示する。滝の咆哮は、私たちの到達できない声を象徴するものである。詩とは言語自体を用いて応答する手段である。それは、〈声〉の耳を聾するような沈黙に対する唯一の回答としての、必然的意味を欠いた交流である。

詩学に向かって

これまで本書の各所で書きとめてきたように、アガンベンの言語論、政治論、芸術論、映画論はそれぞれ、まとまった一つの持続的な哲学的プロジェクトの部分と見なせる。私はこれまで詩学のさまざまな定義を提示してきたが、ここでは次のように言えば足りる。すなわち、詩学とはある表象形式に関するものであり、その表象形式とは人が関わろうと試みている当の媒体に注意を惹きつけるやりかたである。つまり、あらゆるものが「詩的」でありうる。文学に関する本章を締めくくるにあたって、私は詩学一般について、またその延長で散文文学一般について、ジェイムズ・ジョイスの著作に取り組むことでどのように考えることができるかを示唆したいと思う。英文学に真に関心を寄せているのであれば、ジョイスの『フィネガンズ・ウェイク』はいまもなお読むべき本である。侮蔑を示すのであれ最高の称讃を示すのであれ、『フィネガンズ・ウェイク』によってなされた英語の破壊と再構築が比類のないものであることに変わりはない。『フィネガンズ・ウェイク』はまた、アガンベンの著作に特別出演《カメオ》してもいる。彼によるこの作品の短い分析を用いれば、英語の散文作品を研究するにあたって彼の作品をいかに使用できるかを示すことができる。「インファンティアと歴史」の最終節で、彼による「経験」の探査は言語に関する問いへと向かう。ここで問題となっているのは、言語を通じてではないやりかたで深く感じ取られた経験を捉えることの（不）可能性である。彼はドイツ語の「Erlebnis」という単語を用いているが、これは英語訳できない。これは経験とまったく同じものというわけではない。この単語が指しているのは、深く感じ取られ「生き抜かれた」経験である。経験の破壊に関する彼の論考はまさしく、情熱的に生きられたそのような経験やその表象形式が破壊されたことをめぐって書かれている。彼によれば、現代人が経験を「表象する」ことができないというこの無能性はジョイスによって捉えられている。「ジョイスの明晰さはまさに、意識の流れには「独語」以外、つまり言語以外の現実はないということを理解したところにある。『フィネガンズ・ウェイク』において、「生きられた経験」のすべてや言語に先立つ心的現実のすべての彼方で、内的独語が言語の神秘的絶対化へと座を譲りえているのはそのためである」（A 1978 [2001], 45〔八三〕）。ジョイスの本は言語の独語であるとするアガンベンの同定は重要である。よく知られていることだが、『フィネガンズ・ウェイク』は「かばん語」を大量に使った、崩れた英語でできている。かばん語とは、ルイス・キャロルの『鏡の国のアリス』に登場するハンプティ・ダンプティによって描写されているものである。アリスがハンプティ・ダンプティに「ねろざし（slithy）」という単語の意味をたずねると、彼は次のように応える。「ええと、「ねろざし（slithy）」は「ろざく、ねろりなる（lithe and slimy）」という意味だ。「ろざし（lithe）」というのは「活動的なり」というのと同じだ。つまりこれはかばんのようなものだよ――二つの意味が一つの単語に詰めこまれているのだ」（Carroll 1998, 215〔一四〇〕）。ジョイスの本は音声的な書きかたとともにかばん語を取りあげ、書きもの《エクリチュール》における「言説」のリズムを捉えようと企てている。『フィネガンズ・ウェイク』の冒頭を見れば、ジョイスの新たな言語世界がいかに奇妙なものかわかる。

の河走りはイヴとアダムのところを過ぎ、岸くねりから湾曲がりへ、再循環のコンモディウス・ウィクスに沿ってホウス城およびその周辺へと私たちを連れ戻す（riverrun, past Eve and Adam's, from swerve of shore to bend of bay, brings us by a commodius vicus of recirculation back to Howth Castle and Environs）。

これに続く文にも、こちらが容易に入りこめない多くの単語が見られる。「股奮う（wielderfight）」「半島独りもっこる（penisolate）」「彼ら自じ（themselse）」「うじゃかる（mumper）」「なじペトリックなりの洗々礼々（taufauf thuartpeatrick）」「仔ぶらかし（kidscad）」「天水眉弓（regginbrow）」などである（Joyce 2000 a, 3〔一九―二〇〕）。この言語の読解不可能性によって、私たちは暗号解読のプロセスに向かうよう、意味の探索に向かうよう強いられる。私たちにはこれが英語であるとわかっている。それぞれの単語をもとの形に復元し、これを「正規の」英語に翻訳することさえできれば、意味は通るだろう。それが『フィネガンズ・ウェイク』の支配的な読みかたの一つであって、物語の筋、舞台背景、登場人物を復元しよう、象徴的な統一性をもつ説明を生み出そうと企てている註解者は多くいる。それによって彼らは、意味や秩序は可能であるだけでなく、じつのところ望ましいものでもあると示唆しているように思われる。『フィネガンズ・ウェイク』についてのアガンベンの短い覚え書きは、この種の解釈方法に対する一つの回答である。アガンベンがおこなっているのはほぼ、これが言語の独語であるという点に注意を喚起するということである（自分と語る言語に関するハイデガーの言明のことを思い起こしておいてもよい）。さらに言うべきことは何もない。

ジョイスの書きもの《エクリチュール》を言語の独語であるとするアガンベンの同定は、単語は他の単語との関係においてのみ意味をもつと見なすソシュール言語学のモデルから私たちを引き離そうとする企てである。そのソシュール言語学のモデルにしたがえば、単語は単語自体において、単語自体について意味することがない。アガンベンはこのモデルを古代ギリシア神話におけるオイディプスのモデルと並置している。それに対してアガンベンは、スフィンクスの視点から新たなモデルを示唆しようというのである。スフィンクスの登場する物語の大半のヴァージョンにおいて、スフィンクスはライオンの身体と女性の頭部をもつ、動物のような形象となっている。それはテーバイの街の入口を守っており、街を離れたり街に入ったりする旅人に謎をかけ、回答できなければ絞め殺して食らう。その謎は次のようなものだと言われている。「朝に四本脚、昼に二本脚、夕方に三本脚で歩く生きものは何か？」オイディプスは「それは人間だ。生まれたときは這い、成人になると直立して歩き、老人になると杖をつくから」と正しく回答する。負かされたスフィンクスは、自分の座っていた高所の岩から身を投げて死んだ。ソシュール記号学はつねに言語を謎として提示してきたというのがアガンベンの主張である。つまり言語は、自らのシニフィエを隠している謎めいたシニフィアンとして提示されてきたというのである。スフィンクスの視点から記号学を捉えるならば、言語は意味を隠しているものとしてではなく、意味へと向かう必然的欲動を宙吊りにするものとして捉えられることになるだろう。

スフィンクスが提示していたのは単に、何か「謎めいた」シニフィアンの背後にシニフィエが隠され覆いをかけられているというようなものなどではない。スフィンクスが提示していたのはある言明である。それは、単語の指す対象と際限なく距離を取りつつも当の対象へと近づいていく言葉という逆説において、現前のもともとの亀裂が暗示されているような言明である。

（A 1977 [1993], 164〔二七四〕）

この記号学の正確な同定——それが何に似ているか、ともかくもそれが何を意味するのか——に関して、アガンベン自身ははっきりしたことを述べておらず、この点は謎のままである。だが、『フィネガンズ・ウェイク』におけるジョイスのモデルは、対象に近づきながらも当の対象との距離を保つという単語の状況へと私たちを導く。しかしながら、言語の対象はシニフィエとしてではなく言語自体として読まれるべきである。ジョイスにおいてもアガンベンにおいても、言語が言語自体に近づくことができるのは、意味のパターンが崩れ落ち、単語が意味することをやめ、単語自体について語りはじめるときである。文学の「謎めいたシニフィアン」とは、言語自体の充溢した空虚さに向けて開くべく私たちが超えて行かなければならない当のもののことである。

このことが意味するのは、アガンベンの文学は本性からして実験的なもの、読めないものでなければならないということなのか？ そうではない。というのも、すでに明らかにしたとおり、詩学は、詩学の媒体からそこに内属する無為を引き出すものであるかぎりは、精妙なものでありうるからである。本節を終えるにあたって、ジョイスからまた別の例を引くことができるかもしれない。その例においては、実際には何も意味していない言語の露呈が、さらに精妙なやりかたでなされている。ジョイスの『ダブリン市民』を締めくくっている物語「死者たち」の冒頭は、よく知られているとおり召使いの女性の視点から語られている。

その一節では、リリーによる言語の誤用を捉えるべく語り手によって自由間接話法が採用されているが、それによって、その誤用の内に言語自体の媒体を露呈させる言語が提示されている。単語の使いかたを間違えるという文字どおりのありふれた誤用に始まり、不適切な形容詞（「ぜいぜい言う（wheezy）」〔人間などに用いるべき形容詞だが、呼び鈴の形容に用いられている〕）やぎょっとする統辞（「自分はご婦人がたのも面倒を見るのはしなくていいのでよかった（It was well for her she had not to attend to the ladies also）」（Joyce 2000 b, 175〔二九七〕））に至るまで、この一節が私たちに問いただすべく強いてくるのは媒体についてであって、意味についてではない。ジョイスは明らかに、さまざまな理由からこのようにすることを選んでいる。第一に彼は、対照的な二つの語りの文体（リリーとゲイブリエル）がどこで互いに差し替わるのかをはっきりさせないまま提示することで、リアリズムに則った虚構を支配していた全知の語り手なるものを問いただそうとしている。第二に彼は、書かれた単語の支配を掘り崩そうとしている。書かれた単語は、話語《パロール》の複雑さとニュアンスを公正に扱いそこねているということである。第三に彼は、物語の最後の光景のもつ劇的な、詩的な美しさを浮き彫りにするために、寸断された語りの声を提示しようとしている。その物語の最後では、ゲイブリエルの仰々しい気取った企てが、統一された語りの声、全体を統一する語りの声へと座を譲る。これがアガンベンによる詩学の理解に完全に呼応する例であるかはさておき、次のことははっきりしているだろう。すなわち、『フィネガンズ・ウェイク』に比べればまだ「型どおりの」この散文文学においてさえも、ジョイスは私たちに対して、私たちが言語を言語自体の手段性において扱い、言語に言語自体のために語ることを許すという立場に身を置くよう強いているということである。ジョイスはそれにあたって自分の文学を「実験室」として用い、その目的はテクストを超えた先にまで至っている。

要約

文学はアガンベンに多くの重要な契機を提供している。第一に、彼は文学によって詩と言語との関係を問いただせるようになる。それによって彼は、自分の「批評的」実践をよりはっきりと定義づけることができるようになる。第二に、彼は文学によって、無為な形象の模範となるさまざまな登場人物を提供される。それによって、複雑な哲学的形式を劇的な形で示すことが可能になっている。第三に彼は、詩と散文をつねに区別しようとする詩の企てによって、言語によって覆われてしまっている「声」と、詩のあいだの関係を探ることができるようになる。そして最後に、文学は詩的なものの理解のための下地を提供する。ここで言う詩的なものとは、形式と内容のあいだの遷移の媒体を検討するために両者の関係を宙吊りにするあの広大な表象システムのことである。

第七章　証言とメシア的時間

文学はアガンベンによって「実験室」と見なされているが、その文学はまた、最も差し迫った倫理的な問いを探ることのできる空間とも見なされている。彼はじじつ、倫理のための新たな空間を描き出すにあたって文学的なもの、詩的なもののほうへと向かっている。本章では、戦後倫理という領域においておこなわれた彼の介入を紹介する。その介入はアウシュヴィッツを検討し、ホロコーストに関する説話における証言の問題を検討することによってなされている。私たちはそこから瀆聖概念へと移る。これは、分離の論理なるものについて考えるための手段として彼の著作に登場するものである。神的圏域と俗的圏域のあいだに生ずるこの瀆聖概念は、資本主義のもとで侵蝕されてきた。「瀆聖不可能なものを瀆聖」せよという彼の呼びかけは、ここでもやはり到来する世代の任務に結びついている。彼の政治を下支えしてきた明確な時間性が、ここではメシアニズム論、「いま」をめぐる時間論において検討される。その時間性によって確認されるのは、エートスを探し求める「倫理」の真の空間はつねに現在に関わっているということである。

倫理

哲学の中心的な問いは数多くあるが、そのすべての支脈にとって根本的な問いとなっているのは、最良の生きかたとは何かという問いである。プラトンの『国家』からジョン・ロック、さらにはピーター・シンガーのような現代の知識人に至るまで、哲学は、何が「良い生」を構成するのかを探ろう、問おうとするプロセスになっている。なるほど、たとえばアガンベンの同時代人であるアラン・バディウによれば、倫理というのは根本的に限定的なものであり、悪である。だがその彼でさえ、否定的にではあれそのトピックについて述べざるをえない。アガンベンの倫理の第一原則は、「自らかくあるべき、ないし実現すべきといういかなる本質、いかなる歴史的ないし精神的な召命、いかなる生物学的運命」(A 1990 [2001], 39〔五八〕) もないということを捉えるということである。テロスや起源や召命がない以上、あるのは人間という存在に内属する潜勢力だけであって、その潜在力をあらわにすることこそが第一の倫理的任務である。したがって、彼にとって唯一の悪とは、潜勢力を抑圧すべき脅威と見なすということである。彼によれば、潜勢力に対して現勢力が優位にあるとする主張のすべて、意味を少しずつ浸みこませて固定してしまおうとする企てのすべては拒絶すべきものである。

この議論は『到来する共同体』に見られるが、倫理論がそこで終わるわけではない。その後、倫理の問いは「ホモ・サケル」シリーズのなかへと移される。そこでアガンベンの倫理理解は、個別の決定的瞬間において人間の恥の基礎づけをどのように理解するかという問題になる。ここから彼は言語へと、そして表象に関する諸問題へとまたも導かれていくことになる。倫理的任務に関する問いに対する彼の回答は複雑で多面的なものだが、それを次のように二分するのは役に立つかもしれない。

一　最もひどい悪に関する問いに直面すると、倫理は判断〔判決〕や断罪に関わるものではなくなる。それは、最悪の不正の行使された当の者たちを記憶し表象するという不可能な任務を遂行しようと企てることに関わるものになる。したがって、倫理とは歴史と言語に関する問いである。

二　倫理とは新たな共同体概念を構築しようと企てるという任務のことである。それはしたがって、現在の権力システムや権力構造に対する批判と関わる。それはまた、その新たなエートスが立ち現れうる潜勢力の諸条件を考えることにも関わっている。したがって、倫理とは政治に関する問いである。

これはあくまでも、倫理に対するアガンベンの取り組みを縮減的に図式化したものにすぎないが、ここから非常にはっきりと見えてくることがある。彼の著作はどの部分も互いに切り離しえないということである。倫理を定立しようと企てるとしても、その倫理が政治的なものでなければ、そしてまた同時にそれが哲学的な問いとしての言語に結びついているのでなければ、そのような定立の企ては根本的に非倫理的なものとなる。というわけで、本章にはこれまでの章を要約するような部分が出てこざるをえない。それは、すでに私たちがたどった彼の思想の諸要素を新たな光のもとで型取るにあたって役に立つ反復となるにちがいない。

すでに見たとおり、アガンベンの著作はミシェル・フーコーの著作をたどり、西洋政治の伝統における統治権力の行使を露呈させるものだった。だが、それはまた、当の主権的権力が生み出すさまざまな産物のほうを観察するものともなっている。主権の論理によって産出されるホモ・サケルをはじめとするそれらの境界的形象はアガンベンのより広い著作群に見られるが、それは私たちが主権の論理をたどるにあたって役に立つ、非常に重要なものである。彼による歴史概念・倫理概念はそのような境界的形象に内属的に結びついている。それらの形象が近代において形を取ったものが、倫理に関する最も差し迫った問題を惹き起こしている。倫理はしばしば、私たちにとっての「他者」に対する開かれとして考えられているが、彼はこの議論の布置を変える。彼は倫理を、このような主権的権力の行使の手中で最も残酷なありかたで苦しんだ者たちについて「証言」する任務として提示する。

アウシュヴィッツ

アガンベンが倫理をどのように理解しているかを示すためには、現代思想においてアウシュヴィッツの置かれている場を手短かに検討し、何が彼の介入の背景となっているのかを提示しておく必要がある。現代哲学と批評理論において、二十世紀にナチ党によっておこなわれたホロコーストは、逃れることのできない倫理的地平となっている。アウシュヴィッツ以降に書く者は誰であれ、どのようにすればこの最も怖ろしい出来事を説明できるだろうかと問わなければならないし、どのようにすれば将来このようなことが起こるのを避けることができるだろうかと問わなければならない。この歴史上の暗い時期になされたすべての悪のなかでも、アウシュヴィッツでおこなわれたさまざまな悪――かくも大規模になされた人命の徹底的破壊――は象徴的中心をなしている。一九四〇年代、一九五〇年代に、そこで経験された残虐な事柄の実像が表に出た。それによって、アウシュヴィッツに関する問いに最初に向きあうことのないままに「良い生」を観照したり知的活動に関わったりするということは不可能になった。よく知られていることだが、ドイツの哲学者テオドール・W・アドルノは次のように述べている。「悲運に関する最も極端な意識でさえ無駄話に堕してしまう恐れがある。文化批判は文化と野蛮の弁証法の最終段階に直面している。アウシュヴィッツ以降、詩を書くことは野蛮である［……］」（Adorno 1977, 30〔三六〕）。この言明はアウシュヴィッツの重大さを強調している。第二次世界大戦以降、多くの人々にとって、唯一可能な倫理的・哲学的な問いは、どのようにすれば収容所の恐怖を避けることができるかというものになっている。

ホロコーストに対する哲学的回答のなかでも、エマニュエル・レヴィナス（一九〇六―一九九五年）によるものは重要だった。レヴィナスは、マルティン・ハイデガーとエートムント・フッサールのセミナーをともに受講したリトアニア生まれのユダヤ人である。彼は戦後フランスの知的シーンにおける卓越した人物だった。彼は倫理に関する、また「他性」ないし他者性に関する著作で主に知られている。その著作は、彼のほぼ同時代人にあたるジャック・デリダの哲学からポスト - コロニアリズムや批判的法理論に至る多くの領域において甚大な影響を及ぼした。レヴィナスは戦争中に捕虜として抑留された。その著作の多くは、相互主観的関係から生まれる諸現象がどのように働くかという問いに対して回答するものとなっている。彼にとって核心にあるのは、他者からの呼びかけの重要性、他者に対する倫理的義務である。重要なことは、これが言葉による呼びかけではないということである。応答しなければならないという必要性を感ずるために、私は他者に耳を傾けなければならないわけではない。彼によれば、言語とはつねに一つの応答形式なのである。私は、言語の基礎をもつためには他者に応答しなければならない。したがって、言語と存在は他者がそこに現前するということに関しては偶然的である。倫理的任務とは他者に対する私の責任である。この「責任（responsibility）」というのは伝統的な意味での責任のことでもあるし、他者の呼びかけに「応答する（respond）」という応答可能性のことでもある。他者との「対面」というこの形式は、倫理が何らかの目的（たとえば、良い生という集合的概念）のための手段になってしまわないようにしようとする彼の企てである。これによって倫理が、単に手段となってしまわないだけでなく、自己としての他者の経験を超えた超越論的原則という概念そのものも拒絶することが可能になる。

アガンベンの著作がレヴィナスの著作に正面から取り組むことはそれほど多くない。『アウシュヴィッツの残りのもの』における、恥に関する短い議論が唯一の例外である。だがアガンベンの著作はまず間違いなく、レヴィナス／デリダの倫理論を下支えしている諸原則、この二人とホロコーストとの関係を下支えしている諸原則に対する無言の批評を提供している。アガンベンの研究『アウシュヴィッツの残りのもの』――「ホモ・サケル」シリーズ第三巻にあたる――が扱おうとしている領野は、倫理という問題に比べれば慎ましいものではある。それは証言という領野である。序文で彼は、アウシュヴィッツという問いはこれまで、過度に単純化されるか、さもなければ不明瞭にされてしまう傾向があったと指摘している。「あらゆることに説明があるとする者たちがあまりに多くのことを、あまりの速さで理解しようとするが、他方で、聖別の安売りをする者たちは物事を理解することを拒否してしまう。私たちに唯一実行可能と思われたのは、その両者間のずれにとどまるという道だった」。ここで彼の念頭にある者たちが誰なのかと憶測することはできるが、いずれにしても彼のねらいははっきりしている。それは、ホロコーストの小さな一側面――生き延びた者たちの書いた証言――を理解するということである。このねらいを、彼は次のように慎ましく描写している。「作者としては、証言の場と主体を同定しようとするこの試みにおいて、倫理の新たな大地の地図を将来に書くことになる者たちに対して方角を指し示すことになるかもしれない目印の杭をそこかしこに打ちこむことだけでも成功していたならば、この仕事も徒労ではなかったと思いたい」（A 1998 a, 9-10〔九―一一〕）。だが、この慎ましさはうわべだけのものである。彼は、自分が画定しようとしているのは「倫理の新たな大地」であると指摘している。この新たな大地は他者に関する現象学的説明にではなく、言語に関する問いに結びつき、人間概念そのものを証言するということに結びついている。

ある水準では、アガンベンの本は真っ正面からホロコーストの説話に取り組む研究となっている。彼は次のようにあっさりと書きとめている。いわく、ホロコーストの説話は、生き延びたということに何らかの恥を感じている者たちによって支配されている。彼らは証言しているが、いったい何について証言しているのか？　彼らは窮極の不正を――つまり死を――被りはしなかった。彼らは生き延びたのであって、証言できない者たちの経験を正しく伝えることはけっしてできない。倫理論にアガンベンが介入するにあたって基礎となるのは証言であり、証言の諸問題である。収容所をめぐるギッタ・セレニーの説話に註解を加えて、アガンベンは次のように述べている。「このことは〔……〕その者の証言能力が決定的に崩壊したということ、絶望的にも「あの闇」が当の闇自体の上にあらためて閉じてしまったということのしるしである。ギリシア悲劇の英雄は私たちのもとを去ってもはや戻らず、もはやいかにしても私たちのために証言することはできない。アウシュヴィッツ以降、倫理において悲劇というパラダイムを用いることは不可能である」（A 1998 a, 91–92〔一三一―一三二〕）。悲劇的なものを倫理や苦しみの経験を表象するモデルとして用いるということはこのように終わりを迎えるが、この悲劇的なものの終わりは証言不可能性と関連している。アガンベンによれば、証言は窮極の恥をもたらすプロセスであって、この窮極の恥こそが主体性の基礎にある。なるほど、プリモ・レーヴィやロベール・アンテルムといった文筆家の説話は生き延びていることの罪責をあらわにしている、と解釈することは容易だろう。だが、それは実際には罪責の経験ではなく恥の経験なのだとアガンベンは主張する。彼によれば、倫理とはまさしく哲学的空間だが、罪責は法に結びついているがゆえに倫理的カテゴリーたりえない。法は規範的原則を作り出そうと企てる。その法規範は道徳的規準を、つまりは何が正しく何が間違っているのかを画定しようとする企てになってしまう。彼が述べているとおり、「倫理という圏域は罪責も責任も知らない。スピノザがわかっていたように、倫理とは至福な生の教説のことである。罪責や責任を引き受けるということは――そうする必要があることもあるが――、倫理という領域から出て法権利という領域に入るということを意味する。この困難な一歩を踏み出さなければならなかった者は、背後で閉まったばかりの扉から、もといたところに戻れるなどと思うことはできない」（A 1998 a, 22〔二六〕）。アガンベンは、この法原則の結果が結びついている倫理的原則は世俗文化におけるものであって、キリスト教からの遺産ではないと指摘している。罪責が法的側面をもつものであるということが重要になるのは、彼が次のように断言しているからである。いわく、証言とはじつのところ、証言しないことの審級である。それは、証言不可能性を除いては何も証言できないということの審級である。したがって、倫理があるのは法の王国ではなく、それ以外の場である。その場とは言語のことである。

証言の困難さは、収容所の経験を伝えるにあたっての言語の失敗に本質的に関わっている。だが、このことが意味するのは、アウシュヴィッツ以降に詩を書くことは野蛮だとしたアドルノの有名な布告をアガンベンが是認しているということではない。それどころか、アウシュヴィッツは詩の、あるいは詩学の必要性を浮き彫りにする。前章を思い起こしてみよう。詩、言語の生起、「音と意味のあいだの躊躇」に対して、政治と哲学は誠実なままでなければならないとアガンベンは指摘していた。だとすれば、倫理が他の者たちの主張するように法の問いではなく、言語の問いであるということも驚くにはあたらない。というわけで、証言とは、何か言いえぬものに対する証言だということになる。私たちは生き延びた者たちの証言を調べまわって、そこに何らかの意味や、理解の役に立ついくばくかの倫理的真理などを探し求めるべきではない。彼によれば、私たちが探し求めなければならないのは、言語が壊れ、無為化され、「言語をもたないもの」以外の何についても証言できなくなる瞬間である。彼は、収容所から生き延びた者たちの説話を数多く紹介しているが、それらは意味を伝えないものとしての言語のまわり、無為なものとしての言語のまわりに繋ぎとめられている。その最もいちじるしい形象の一つが、プリモ・レーヴィの描写しているフルビネクのつぶやきという例である。フルビネクとは「無であり、死の息子であり、アウシュヴィッツの息子だった」。この子どもは死の床にあって一つの単語を繰り返し口にしたが、周りの者たちはどれほど理解しようとしてもその単語に何の意味も見いだせなかった。レーヴィが「マス‐クロ」ないし「マティスクロ」と書き写しているその単語は、アガンベンによれば、言語の内部にあるとともに外部にあるものとして機能している。アガンベンは、単語を作るべしとする必然性に結びつけられていない記号論を要求していた。そのことを思い起こせば、この単語をどのように読むべきかはすぐに明らかになる。彼は次のように指摘している。レーヴィは、この単語が定義されぬままでなければならないということを理解していたが、フルビネクを追悼する彼は、逆説的にも「彼は私のこの言葉を通じて証言する」と見なした。

アガンベンによれば、フルビネクの事例によってあらわになるのは次のことである。倫理や証言は、言語以外の何も証言できないという無能力を銘記することに関わっている。「証言の言語はもはや意味しない言語だが、意味しないということにおいて言語のなさへと入りこみ、また別の無意味作用を取り集めるに至る。全面的証人の、定義上証言できない者の無意味作用をである」(A 1998 a, 36〔四九―五〇〕)。証言できない者とは死者たちのこと、収容所の黙《もだ》した形象たちのことである。

収容所に関するアガンベンの註解のなかでも最も際立つ特徴を示しているのはムーゼルマンという形象である。これは文字どおりには「ムスリム」のことである。この用語の正確な意味と起源についてはいくつかの競合する解釈があり、判然としない。ある主張によれば、彼らは極度の栄養失調のせいで収容所の「生ける屍」となり、身体的には崩壊し、心理的には物忘れが激しくなり、食べものを求めて地面をはいずりまわる。それが礼拝中のムスリムのような印象を与えるところからその名がついたとされる。だが、彼によれば「最もそれらしい説明は、アラビア語の「ムスリム」のもつ文字どおりの意味に関わっている。これは、神の意志に無条件に服従する者を意味する」(A 1998 a, 39〔五六〕)。この形象には「窮極の証人」としての力があるが、それは彼らが人間と非人間の不分明地帯に入りこんでしまっているというところに由来している。彼らは物理的には生きているが、自分の運命に屈しており、すでに死んでいる。ここから思い起こされるのはもちろんホモ・サケルのことである。ムーゼルマンが初登場したのも『ホモ・サケル』においてである。主権的権力はさまざまな形の剝き出しの生を産出すべく働くが、ムーゼルマンはその働きかたを体現している。ムーゼルマンは収容所のホモ・サケルである。ただし、「ホモ・サケル」シリーズの第一巻が剝き出しの生の産出に目を向けているのに対して、この『アウシュヴィッツの残りのもの』――シリーズの第三巻にあたる――はそのような形象について証言しようとする企てにまつわる問題のほうに関心を寄せている。

このことは、倫理的任務としてさまざまな問いを惹き起こす。ムーゼルマンが語れないとするならば、私たちはどのようにすれば彼の視点を理解できるのか？　ムーゼルマンであるためには死ななければならないとするならば、彼らは自分の物語を語ることができるのか？　それらの形象に対してふたたび沈黙させてしまうという暴力をふるうことなく、語ることを可能にさせるには、どのようなたぐいの言語を用いればよいのか？　アガンベンはこれらの問いに回答するのは困難だと率直に述べている。「ムーゼルマンは何も見なかったし、何も知ることがなかった――知ることができないという不可能性、見ることができないという不可能性の他には。それゆえ、ムーゼルマンのために証言すること、見ることができないという不可能性を観想しようと試みることは、容易な任務ではない」（A 1998 a, 49〔六九〕）。これまで本書で確認した言語論とホモ・サケル論を思い起こせば、私たちはムーゼルマンという形象の背後に横たわっているより広大な哲学的な問いを目にしはじめることができる。ムーゼルマンは一つの形を取ったホモ・サケル、人間でも非人間でもない形象である。彼は生政治的機械の産物である。彼はしたがって、生政治的機械の包含的排除の論理を示唆する。だとすれば、ムーゼルマンは西洋政治の伝統を支配している諸逆説を描き出す役に立ちうる。だが、人間が言語の座、言語の位置するところ――語る存在――であるとするならば、言語はどのようにしてムーゼルマンの非人間性を表現しうるのか？　いまや私たちに見て取ることができるのは、アガンベンの倫理は表象の倫理であるということ、またホロコーストを書こうとする企てがいかに倫理の新たな言語を見いだそうとする企てとなっているかということである。

倫理の新たな言語は沈黙の言語であるにちがいない。ここでは、アガンベンがロベール・アンテルムの回想録『ヒトという種』について述べていることを検討するのが役に立つだろう。アガンベンが焦点を合わせているのは、あるボローニャ出身の若者をめぐる変わった出来事である。その若者は、人の群れのなかから射殺対象として無差別に引っぱり出されて、顔を赤らめたというのである。若者のうわべの困惑ははじめ、ただならぬものと思われる。射殺されるからといって、なぜ困惑するのか？　だが、アンテルムや周囲の人々は、若者の顔を染めた薔薇色を誰にでも起こる普遍的条件として読み取る。「私たちは、死ぬ用意ならばできていると思う。だが、死ぬのはおまえだと行きあたりばったりに指名される用意はできていない。そんな目にあったならば私は驚いてしまい、あのイタリア人の顔のように顔が薔薇色になるだろう」（Antelme 1957, 242〔三〇八〕）。アガンベンは次のように述べている。「それはまるでその頬の赤らみが、しかじかの限界が一瞬到達されたということ、生きている者において何か新たな倫理の質料といったようなものが触れられたということをあばいているというかのようである。なるほど、それは彼が他のやりかたで証言できる事実、言葉で表現しようと試みることもできたかもしれない事実ではない。しかしともあれその顔の赤らみは、何年もの隔たりを越えて飛び、私たちのもとにたどりついて彼のために証言してくれる、口きかぬ頓呼法のようなものではある」(A 1998 a, 96〔一三九〕)。アガンベンは主体の恥を言語の形式性と等号で結ぶが、けっしてそれは詩的趣向ではない。彼によれば、証言しそこねるという行為、交流としての経験以外のすべての経験を伝えそこねるという行為こそが、倫理のこの新たな概念化を強調する。

人間という存在を語る存在と等号で結んでいる哲学者や文筆家は非常に多い。私たちがそのような等号を成立させるならば、恥とは言語における表現の限界に横たわっているものだとするアガンベンによる恥概念が私たちの主体概念・人間概念の限界に横たわるものでもあるというのも驚くにはあたらない。恥による赤面が起こるとき、その恥は個人のなした何かについての恥ではなく、死ななければならないということの恥、かくも容易に破壊されてしまうということの恥なのである。彼は次のように述べている。「恥において、主体は〔……〕自らの脱主体化以外に内容をもたず、自分が破産したということ、主体としては失われたということの証人になる。主体化と脱主体化がともになされることの二重の運動、恥とはこの運動のことである」(A 1998 a, 97〔一四一―一四二〕)。恥と言語の関係は、ボローニャ出身の若者の赤面から飛ぶ頓呼法へという運動として示される。この運動は複雑なものではあるが、アガンベンによる新たな倫理概念の本質を提供するものである。それはまた、書くという行為についての私たちの考えかたに対する挑発でもある。

ここで、主体化と脱主体化の関係をアガンベンがどのように理解しているかを簡潔に検討しておくのも役に立つだろう。第四章で指摘したとおり、彼はフーコーと同じく、生権力の諸装置は主体化のために働くものと見なしているが、同時にその逆のことが起こる可能性もある。逆のこととは脱主体化のことである。あるインタヴューで彼は次のように述べている。「今日、政治の領野は二つのプロセスが展開される一種の戦場になっているように思われる。伝統的なアイデンティティとなっていたあらゆるものの破壊と――もちろん私はまったくノスタルジアをもたずに言っているのだが――、国家によって即座になされる再主体化、この二つのプロセスが同時に展開されている。いや、その再主体化は国家によってなされるだけではなく、主体自身によってもなされる」(A 1999 a, 5)。アウシュヴィッツは極端な脱主体化の契機であるが、それはまた再主体化の契機でもある。アウシュヴィッツという重要な空間にあって、彼は脱主体化のプロセスを探ることができる。そこにあって彼はまた、言語が主体の発話そのものの脱構築を証言しうる様子を探ることもできる。

アガンベンによれば、言表行為の主体となるべく「私」と言うということは、証言不可能性を私たちが最もはっきりと見て取ることのできる契機である。本書の第一章でも、「私」と言うことによって主体性自体の不可能性があらわになっていた。彼は次のように指摘している。

> 〔この契機は〕言説《ディスクール》の審級への単なる参照ではないような実体性や内容をすべて欠いている〔……〕。だが、ひとたび言語外の現実をすべて剝ぎ取られて言表行為の主体として構成されると、その彼は次のことを発見する。自分は言葉の可能性に到達したのではなく語ることができないという不可能性に到達したのだということ――というよりむしろ、自分では制御も捕捉もできない異言的潜勢力によって自分はつねにすでに先立たれているということ――をである。

（A 1998 a, 108〔一五七—一五八〕）

この異言的潜勢力こそがアガンベンの新たな倫理的言語である。というのも、これは私たちの存在の本質そのもの——語る存在の否定的基礎——をあらわにするからである。この異言的潜勢力はまた、いかにして表象可能性の一形式がこの否定性そのものを中断し、彼の探し求める新たな共同体概念にとっての可能性の条件をもたらすかを私たちが見て取る契機をもあらわにする。倫理とは、この新たな共同体へと向かう開かれのことである。それは、言語自体の非の潜勢力を用いることによって潜勢力を可能たらしめるということである。証言が本当に挑むこととは「それが死語であるかのように生きた言語の内に座を占めること、もしくはそれが生きた言語であるかのように死語の内に座を占めること」（A 1998 a, 150〔二一八〕）である。はっきりさせておくべきだが、言語を言語として提示することによって証言しようとするこの企ては、単にホロコースト文学を読むための手段にすぎないわけではない。これはより広大な企てに結びついている。それは、生政治的状態の脱主体化の内に、その脱主体化を超えた先にある生の可能性を見ようとする企てである。

瀆聖

言語に関する章と政治に関する章を思い起こせば、アガンベンにとって聖なるものがいかに重要であるかを思い起こすことになるだろう。アウシュヴィッツにおいて、ムーゼルマンは主権的例外化の諸限界をあらわにし、主権的権力が機能する最も際立った実例の一つとなった。だが、聖なるものがこれと同じ、怖ろしい剝き出しの生という形をつねに取るわけではない。スペクタクルの社会で作動している分離の論理なるものは聖なるものに内属的に結びついてはいるが、その所産は陳腐な大衆消費主義である。だが、瀆聖概念を見ることに取りかかる前に振り返っておくべきことがある。それは、ホモ・サケルがいかに分離・排除プロセスのもとにあるかということ、また、にもかかわらず当のプロセスがいかにもともと不安定なものかということである。ホモ・サケルとは神々に属する者であり、人間の俗世界からいわば取り除かれた者である。つまり、ホモ・サケルはまず二世界間の分離行為を被る。ただし、彼はそれでも俗世界のなかにとどまり、とはいえ「縮減されえない聖性の残滓」というしるしを帯びている。ホモ・サケルは、すでに神々の所有物であるがゆえに犠牲化可能だという意味で、俗世界の法から取り除かれている。つまり、彼はいずれの世界の一部でもない。そのホモ・サケルの身体の上で、二つの世界の分割・区別が作動し、またそれと同時に当の分割・区別がないものともされる。「犠牲として聖別されたあるものの一部が人間によって汚染されることで瀆聖され、消費される。その他方で、同じものの他の一部が神々へと充てられる」(A 2005 b, 90〔一一四〕)。ホモ・サケルが重要なのは、この分離の論理が一個人において明らかになっているというところにある。この分離・区別は本性上のもの、所与のものではなく、構成されたもの、誤りうるものとしてあらわになる。より最近の研究『瀆聖』でアガンベンはさらに論証を推し進め、犠牲とは人間の圏域と神々とを分割する境界のことであり、また当の分割を産出する実践のことであるとしている。しかし、犠牲が聖から俗へという運動をしるしづけるものだとすれば、それは聖俗の区別が無為化されうるような点だということになる。聖なるものだったものを人間の共用へと戻すような点である。彼は次のような犠牲の例を挙げている。ある動物の一部が人間的圏域から神的圏域へと変容させられる。神々をなだめるためには、犠牲とされたものの内臓の一部が神々のために取り置かれる必要がある。残りは人間によって消費される。だが、神々のために取り置かれている内臓の一部に人間が触れてしまうと、それは人間的圏域によって汚染されたとされ、人間的圏域へと戻されることになる。つまり、犠牲は境界における活動である以上は、分離と排除が起こりうる点ではあるが、それは俗の圏域へと戻されうる潜在力をつねにもっている。

このことはすでに、おなじみのアガンベン的定式として私たちに強い印象を与えるにちがいない。彼によれば、宗教は人間の世界と神々の世界の関係を整序する方法に対する注意をしるしづけるものである。語源に関しては、「宗教(religion)」は「religare(人間的なものと神的なものを結びつけて一つにすること)」に由来すると指摘している議論もあるが、彼は「relegere(再び読む)」(A 2005 b, 85〔二〇〇八〕)という語源のほうに従っている。彼の指摘によれば、これは二圏域を互いに分離しておくことを遵守するにあたっての綿密さのことである。この語源に関する彼の議論は、二圏域間の区別・分裂を維持するにあたっては研究ないし再読が重要だと見なすものである。一方にある聖なる圏域とそこでなされる犠牲行為に対置して、彼は他方にある俗的なものを称讃することになる。それは「分離を看過するというか、分離の特殊な使いかたをするという、特別な形式をもつ無頓着さの可能性を開くこと」（A 2005 b, 85〔一〇八〕）を意味する。つまり、犠牲が一方の圏域から他方の圏域への道をしるしづけるものであるのに対して、瀆聖のほうは法の理解を通じて聖なるものを共用へと戻そうとする。だとすれば、宗教の教義を検討するというプロセスや、俗的なものを通じておこなう宗教研究は、宗教の論理を克服・暴露する手段だということになる。したがって、彼は世俗的思想家ではないと書きとめておくことは重要である。世俗性というのは、聖なるものの構造・論理を俗的圏域のなかで手つかずのままにしておくものだからである。彼があらわにしようとしている点において、「宗教機械は、ある限界点ないし不分明地帯に達するように思われる。そこにおいて、神的圏域はつねに人間的圏域へと崩れ落ち、人間はつねにすでに神的なものへと貫入している」（A 2005 b, 91〔一一五—一一六〕）。

ここでアガンベンは、聖と俗の関係を注意深く宙吊り状態に保っている。聖なる圏域を拒絶することが問題なのではない。両者が互いに判然と分離されなくなるような点、それによって分離それ自体が働かなくなるような点を同定することこそが問題なのである。「聖別されたあらゆるものに瀆聖性の残滓が、瀆聖されたあらゆるものに聖性の残りが」（A 2005 b, 89〔一一二—一一三〕）あるというのはその意味においてである。では、私たちはどのようにすれば聖なるものを瀆聖されたもののなかに、瀆聖されたものを聖なるもののなかに見て取ることができるのか？　彼はヴァルター・ベンヤミンによる次のような議論へと向かう。いわく、資本主義は本質からして宗教的である。それは罪責の論理を用いるが、それは救済のない罪責であり、自らをたえず罪責へと向ける罪責である。これがまさしく負債の論理である。それは私たちを、けっして逃れられない罪責、よりいっそうの負債をもってしか出会うことのできない罪責のほうへと押しやる。聖なるものと俗世界との分割としての宗教と、資本主義とが区別されるのはここにおいてである。じつのところ、宗教としての資本主義は「あらゆるもの、あらゆる場、あらゆる人間的活動に襲いかかり、人間的活動を人間的活動自体から分割しようとする」(A 2005 b, 93〔一一八〕) 終わりのない分離プロセスに向かって働いている。この分割の論理は商品化の本質的部分である。資本主義は、私たち消費者に物品を売るために、当の物品を私たちから分離しなければならない。私たちはアイデンティティを構築するために服やDVDや靴を買うが、いまやアイデンティティやセクシュアリティや身体はつつがなく、私たちに提供される「捉えられないフェティッシュ」になってしまっている。私たちがそれにはけっして到達できない、それをけっして使うことはできないとわかっていればこそである。したがって私たちは、買い続けろと永遠の呪いをかけられ、自分から分離された当のものをつねに探し求めることになる。このプロセスによって生み出される罪責感は、もっと買えと私たちを誘導する。

この分離ないし分割という概念は、戦後消費社会を「スペクタクルの社会」と見なすギー・ドゥボールの診断にはっきりと結びついている。すでに映画論において見たとおり、「イメージによって媒介された、諸個人間の社会的関係」(Debord 1992, 4［§ 4］〔一五〕) を特徴とする世界に私たちは生きているというドゥボールの診断にアガンベンは同意している。資本主義とは所有物を、人々が自由に使えるという圏域から別の圏域へと移すプロセスである。その新たな圏域において、所有物は私たちから取り除かれ、分離された消費世界へと移されてしまう。アガンベンによれば、これによって私たち消費者の不幸が説明される。私たちはいささかの使用可能性もないままにそれらの製品をたえず消費しており、たえず自分がそれらから、また自分自身から分離されていると感じている。資本主義が私たちに強制しようとしてきたのは瀆聖不可能性である。私たちは自分を自分から分離し、使用可能性のないままに自分を置き去りにしている。それによって私たちはもはや対象を自分に従わせることも、対象を俗的なものにすることもできなくなっている。だがアガンベンによれば、これは単にうわべのことにすぎない。資本主義はそのような奸知によって私たちを納得させたがっているが、それに対してアガンベンの著作が示唆するのは、「俗的排泄」を通じて「新たな使いかた」を発見する手段をあらわにすることは可能だということ、いやそれは必要でさえあるということである。そのような「俗的排泄」があれば、私たちは自分たちを互いに分割している当の分離をもてあそぶことができるようになる。ここで重要なのは、彼の主張は差異や分離を廃止しようというものではないということである。彼が主張しているのは、私たちは「階級差の諸装置を働かなくさせて新たな使いかたを可能にする［……］」(A 2005 b, 100〔一二七〕) ことを学ばなければならないということである。ここでも私たちは、彼が聖俗の分割を取りあげて働くところを目にする。彼は、現代社会でその分割が（瀆聖不可能とされる分離の論理を強制することで）いかに無為とされているかを論証し、その分離の論理を絶対的帰結へと押しやる（瀆聖不可能なものを瀆聖する）ことがいかに必要かを示そうとしている。彼が繰り返し私たちに思い起こさせるのはこのこと、つまり「到来する世代の政治的任務」（A 2005 b, 106〔一三五〕）である。

メシアニズム

アガンベンは到来する共同体、到来する政治、到来する世代を呼び出そうとするが、そこからある問いが生ずる。現世においてそれはどのような論理を取ることになるのか、という問いである。それはいつ起こるのか？　どのように起こるのか？　彼の提唱する絶対的瀆聖は、彼が資本主義に見て取っている分離の論理に対して挑むだけではない。それは、『言語と死』で暗示されている新たなエートスにとっての基礎を準備するものともなる。本書の第三章で見たとおり、潜勢力と無為は彼の著作においてしばしばメシアニズムに結びつけられている。彼はこの用語をベンヤミンから借用し、救済的政治にとってのモデルをそこに見いだしている。「メシアニズム」という用語は、ユダヤ教神学においてもキリスト教神学においても長きにわたって議論の対象となってきた。この用語に対して加えられた細部にわたる註釈は無数であり、この用語からは数多くの意味が引き出されてきた。最も簡潔な定義として、ツヴィ・ヴェアブロウスキーによるものを取りあげてもよいだろう。

メシアニズムという用語はヘブライ語の「mashiaḥ（油を注がれた）に由来し、神からの特別な使命をもつ人物というユダヤの宗教的概念を表す。だがこれは広い意味、時として緩い意味で用いられ、そのばあいは人間や世界の状態の終末論的な（最後の時代に関係する）改善や、歴史の最終的完了に関する信仰や理論を指す。（Fitzmyer 2007, 5 ; Werblowsky 1976, 1017）

大まかに言えば、ユダヤ教神学には二つのメシア的伝統がある。いずれも、バビロニア・タルムードに見られるラビ・ヨハナンの予言を由来としている。いわく、「ダヴィデの息子は、まったく義人ばかりである世代か、まったく悪人ばかりである世代においてのみ到来するだろう」。この予言は両義的なものであり、ここからはメシアの到来が救済的到来になると見なす流れと黙示的到来になると見なす流れが生ずる。このうち、「救済」的伝統のほうに連なるのが二十世紀の一群の思想家である。彼らはメシア的なものという神学的概念に、近代世界を救済すべく到来するだろう歴史的・政治的なものの理論を見て取る。メシア的哲学にはある論理が付随している。それによれば、世界は栄えある単一性とともに始まったが、それが分割され、もしくは堕落してしまった。もとの調和を回復するためであれ、もしくは古い分割に繋ぎとめられていない統一された新世界を作り出すためであれ、世界は一つにまとめられなければならない、というのである（とはいえ、その総合は堕落した世界の残滓を残してはいるだろう）。

ベンヤミンやエルンスト・ブロッホといったユダヤ系ドイツ人思想家たちにおいて、世俗的メシアニズムが立ち現れた。それはしばしばマルクス主義に結びつき、「救済」は到来する共産主義的ユートピアのようなものと見なされた。ところで、キリスト教にもキリスト教ならではの救済概念があり、人類の救済がどのように到来するかを探る文筆家たちの長い伝統があるというのに、なぜユダヤの「救済」のほうが問題にされるのか? ベンヤミンの親友であるユダヤ教学者ゲルショム・ショーレムによれば、キリスト教的モデルとユダヤ教的モデルにはいくつかの実質的な違いがあるという。キリスト教においては、救済は純粋に霊的な王国で起こるものとされている。「その事象は〔……〕魂のなか、個人のそれぞれの世界のなかで起こるものであって、そこで惹き起こされる密やかな変化には、世界にある外的なものは何も対応していないのでなければならない」(Scholem 1963, 7–8〔五―六〕)。それに対してユダヤ教における救済は、「歴史の舞台」で起こる、非常に公的な事柄だという。それは実際に出現し、目に見えるものとなるのでなければならない。マルクス主義に結びつけられたユダヤ教的救済においてねらいとされるのは普遍的救済だが、そこで重要となるのは救済が個人と世界のあいだでなされるということだった。

だが、ユダヤ教におけるメシアニズム概念にはさらに二つの流れがある。これは、ベンヤミンの著作に見られる、またアガンベンの著作に見られる緊張状態を理解しようとするとき、最初の鍵となる。それは復帰的メシアニズムとユートピア的メシアニズムである。ショーレムによれば、復帰的メシアニズムが目を向けるのは「いまでは理想的と感じられている過去の状態への回帰・回復〔……〕、もともとの事物の状態の回復、「父祖とともにある生」」(Scholem 1963, 11〔八〕)である。それに対して、ユートピア的伝統がもたらそうとするのは何か完全に新しいもの、これまで一度も存在したことのない世界である。だが、この二傾向はつねに共存し、互いに触れあうものであって、離ればなれになってしまうことはけっしてない。私たちはベンヤミンのメシアニズムを、この二傾向を等しく扱って「停止状態」に至らせ、両者のいずれをも不安定にしようとする企てというカテゴリーに入れることができる。アガンベンによるそのメシアニズムの使いかたについても同じことが言える。メシアニズムのいかなる「復帰的」側面にもノスタルジアに充ちたところは何もないという点に関して、アガンベンの立場ははっきりしている。じつのところ、メシアニズムには破壊的性格がある。それは世界を、かつて一度も存在しなかった点へと「復帰」させようとする。その点はラディカルなまでに新しくもあり、完全になじみのものでもあるような、新たなエートスである。本書の第一章(四二—四三頁)で引いたジョルジョ・カプローニの詩を思い起こしてもよい。このメシア的なものにおいて、私たちはアガンベンとベンヤミンの歴史概念が一つになるのを目にする。その歴史概念とは、支配的構造・支配的システムを描き出し、それによって新たな未来を現在にもたらそうとする企てのことである。

アガンベンは『残りの時』において、メシア的なものとはどのようなものかをさらにはっきりと描き出している。そこではまた、メシア的「召命」がいかに政治的・倫理的に重要であるかも明らかにされている。この『残りの時』では、メシア的なものが現世において働くという次元がさらにはっきりと描き出されている。「この意味で、メシア的召命は一つの内在的運動である——あるいは、絶対的なしかたで内在と超越のあいだ、この世界と未来の世界のあいだの不分明地帯だと言ってもよい」

（A 2000, 30〔四一〕）。ここで鍵となるのは、現世における現在と未来の区別がメシア的なものによって不分明にされるということである。この「召命」に対して鍵となるのが潜勢力だということも驚くにはあたらないだろう。メシア的なものの王国にいるということは、「ないかのように」の潜勢力に対して、その可能性のために開かれているということである。それは倫理と同様である。聖書の聖パウロという形象が鍵となるのは、彼がユダヤの法を働かなくさせることで宙吊りにしようとしているからである。

パウロの無為は、鍵となるまた別のアガンベン用語へと私たちを導く。それは、残りのものという用語である。パウロがユダヤの法を働かなくさせることで生み出しているのは残りのものである。それは法の分離から残ってしまうものだが、分離された当のものへと縮減しきることができない。ここでは、ユダヤと非ユダヤのあいだの分割が、残りのものを生み出す分割として重要になる。神学においては通例、残りのものは「終末論的破局を生き延びた」者たちとして理解されていた。つまり、最終的破壊を生き延びる、選ばれた少数者のことである。だがアガンベンは、時間の終わりの後に時間を定立するこの黙示的メシアニズムを拒絶する。彼が指摘しようとしているのは、残りのものとはメシア的出来事との関係のなかにつねに含まれているものだということである。それは救済される必要などない。それは終末論的時間にあるのではなく、ふつうの時間にあるからである。古代ギリシア語で「クロノス」は時間順に継起する時間を意味するが、それに対して「カイロス」は一種の「あいだ」の時間を意味する。彼の指摘によれば、この対立は、メシア的なものとの関係においては、偽の対立であるという。「カイロスを捉えるときに私たちの捉える当のものは別の時間などではなく、ただ収縮した、短縮されたクロノスなのである」(A 2000, 69〔一一二〕)。メシア的なものは時間の後の時間といったものへと開かれているのではなく、ふつうの時間のなかへと開かれている。この残りのものはすべての時間において存在しているが、もたらされ捉えられなければならない。

> メシアはすでに到着している。メシア的出来事はすでに完了している。だが、その現前は自らの内部にそれとは別の時間を含んでいる。その時間はメシアの臨在を引き延ばすが、それは臨在を遅らせるためではない。それどころか、それは臨在を捉えうるものとするためなのである。
>
> (A 2000, 71〔一一五〕)

私たちはいま、メシア的なものを下支えしている時間性を、かつてよりも理解できるようになっているだろう。アガンベンのいう到来する政治についても、かつてよりも理解できるようになっているだろう。法を働かなくさせることをパウロはあらわにしたが、それにあたって鍵となっているのは、法を働かなくさせるということが何かを否定したり無化したりするのではなく、それを無為化するということである。それによって成し遂げられるのは、時間の終わりを作り出すということではない。その後に何か別のものを定立しなければならなくなるような終末論を作り出すということではない。とはいえ、それは法の諸構造が回帰してしまうことを許すわけでもない。つまりそれは、終末論的であるにしても無限の延期であるにしても未来に向ける注視などではないし、過去への回帰などでもない。それは新たな使いかたへ、新たな共同体モデルへ、至福な生へと自らを開く時間なのである。アガンベンはあるベンヤミン論で、幸福とはかつて一度も起こったことのないものを私たちが経験するときにのみ到達されるものだと述べている。ここでの時間性は重要であり、アガンベンはその重要性を強調するためにこの用語を強調して繰り返している。「だが、このかつて一度も存在しなかったということこそが、人類の故郷——歴史的な故郷にして、かつ全面的にアクチュアルな故郷——である」(A 2005 a, 235〔二九二〕)。それがかつて一度も起こったことがないとは、それはつねにすでに起こりつつあるということを意味する。

この点において、私たちは『言語と死』で出会った人間の倫理的故郷に出会う。それは、アガンベン思想のすべてを下支えしている倫理的故郷である。

要約

アガンベンが取り組む倫理は、他者との関係を通じて考えようとする企てではなく、「人間の故郷」に出会おうとする企てである。その企てにあたって、彼は人間という存在のもつ異言的潜勢力のほうへと向かう。彼がアウシュヴィッツと出会い、またホロコーストを生き延びた者たちの証言と出会ったことで、ある言語のありかたを考えようとする企てが生まれた。その言語のありかたとは、ホロコースト以降の書くことの不可能性を表象するために用いられる言語のありかたではなく、権力体制を解体するために言語を用いる必要性を表象するために用いられる言語のありかたである。このことによって、彼による瀆聖の探査が開かれた。彼の論証によれば、資本主義を突き動かしている分離に対して破壊をもたらすためにはこの瀆聖が必要である。それはまた、世界を瀆聖されたもの、人間の圏域に属するものとするために必要である。資本主義を瀆聖することによって新たな使いかたが開かれるということは、メシア的時間の理解によって働かなくさせることの力が照らし出されるということと類比的である。彼による聖パウロの分析に私たちが見て取るのは残りのものの産出である。残りのものとはつまり、順序的《クロノロジカル》な時間でも終末論的な時間でもないものである。それによって開かれる空間において、到来する共同体は人間の真の故郷をあらわにすることができる。

AFTER AGAMBEN

アガンベン以降

アガンベンは非常に生産的である。それはおそらく、この先も何年も変わることがないだろう。だとすれば、「アガンベン以降」という章を立てることには明らかな矛盾がある。そこで、ここではアガンベン以降について語る代わりに、彼が社会科学と人文科学においてどのように取りあげられてきたかを探ることにしたい。それによって、彼の業績に対する生産的理解と否定的理解の両方を強調して示すことができるだろう。本章は二節に分かれている。第一節では、政治哲学における代表的な誤読例をいくつか検討する。第二節はより思弁的である。そこで具体的に示そうと思うのは、現代を理解するにあたっていかに彼の思想が私たちの役に立つかである。それこそが彼の著作の真の効力である。

アガンベン読解の政治

無難に言えば、アガンベンの業績が最も話題になったのは政治哲学の領域においてである。『ホモ・サケル』の英語版が出版されたのは一九九八年である。翌年にはさらに四点の著作の英語版が刊行され、すぐに彼の存在はさまざまな領域で気づかれるようになった。だが最近まで、その分布は一般的に政治哲学と規定されるような領域に偏っていた。彼の著作に反応したのは文学研究、比較文学、法学研究といった領域の批評家たちではあったが、その反応のほとんどは「ホモ・サケル」シリーズに対するものだった。例外はもちろんある。彼をめぐって初期に編まれた二つの雑誌特集号を読んでみよう。一つは『パラグラフ』誌の第二十五巻〔第二号〕（二〇〇二年）であり、もう一つはいまでは廃刊になってしまった『コントルタン』誌の第五巻（二〇〇四年）である。これらの特集号にはあらかじめ決められたテーマがなかったため、それ以降に出された論文集と比較すれば、アガンベンの著作群がより広範囲にわたって扱われている。単行本として最初に出された論文集はアンドリュー・ノリスの編集した『政治・形而上学・死』である。この論文集では、さまざまな分野の学者が『ホモ・サケル』に対する批評的査定をおこなっており、多くの論文は役に立つ介入と註解を提供するものとなっている。だが、ある程度まで言えることだが、それらの註解における『ホモ・サケル』の扱いはその他の彼の著作群からあまりに切り離されてしまっている。本書でこれまで指摘してきたとおり、アガンベン思想を支配している焦点や構造は、より後年の、より政治的な著作群だけに目を向けると見失われてしまう。

単行本として出された論文集の第二はマシュー・カラルコとスティーヴン・デカロリの編集した『ジョルジョ・アガンベン』だが、扱われている範囲は第一の論文集よりも広く、アントニオ・ネグリ、ドミニク・ラカプラ、ポール・パットンによる重要な論考が収録されている。キャサリン・ミルズによる優生学と生政治に関する論考など、重要な学際的介入をもたらしている論文も見られる。だがその他の論文には、アガンベンは政治的ニヒリストだとするありふれた非難を繰り返しているにすぎないものもある。そのような主張がどのようなものか、またそれがどこまで正しいものかと問うためには、エルネスト・ラクラウによる論考「剝き出しの生、もしくは非規定性」を検討しなければならない。ラクラウは広く知られたマルクス主義政治哲学者である。シャンタル・ムーフとともに『ヘゲモニーと社会主義的戦略』（一九八五年）を書き、大きな影響を及ぼした。ラクラウのアガンベン批判において基礎となっているのは、アガンベンによる系譜学的ないし語源論的な方法論に対する批判である。ラクラウは次のように述べている。「彼のテクストを読んでいると、用語や概念や制度の系譜を確立するというところから、現代の文脈でそれが現にどのように働いているかを規定するというところまで、彼があまりにも速く跳躍しているという感じを受けることがよくある。ある意味で言えば、起源が、その後に続いて起こることよりも密やかな、決定的な優位をもっているという感じがする」（Laclau 2007, 11）。ラクラウによれば、このような系譜学は構造主義に陥ってしまうものであって、しかもその構造主義はあまりに硬直したものだという。アガンベンはつまるところ目的論的・構造論的な思想家だとされる。そのようなものはまさにアガンベンのような書き手が忌み嫌うたぐいの取り組みであるにもかかわらずである。そしてラクラウは、アガンベンのたどりつく結論は根本的にニヒリズム的なものだと指摘している。というのも、アガンベンの結論は現今の政治的圏域における構造的多様性に対して潜勢力を否定するものであり、それはしたがって政治的活動の可能性を否定するものだからというのである。ラクラウはこのニヒリズムを、アガンベンが西洋政治のイメージとして強制収容所のイメージを立てているということにおいて捉えている。この点についてラクラウは、次のようにあけすけに述べている。「近代の政治的構築の全体を、強制収容所という極端にして莫迦げたパラダイムのまわりにとりまとめることでアガンベンがおこなっているのは、ある歪んだ歴史を提示するということにとどまらない。彼はそれだけでなく、私たちの近代の遺産によって開かれた解放の可能性に対するありうべき探査のすべてを封じてしまう」(Laclau 2007, 22)。

この見解によって主張されているのは次のようなことである。すなわち、現在の法的‐政治的な構造は根本的には立派なものであって、捨て去るべきではない。なるほど、それは(生政治的)命運を被りはしたが、そのような極端な例は当の構造に内属的に結びついたものではないのだから、というのである。ラクラウのような思想家の考えるところでは、私たちの「近代の遺産」は支配する諸力によって形作られているが、その諸力への抵抗のほうもまた当の遺産を形作る要素となっている。近代の遺産の形成要素には何がしかの流動性が含まれており、支配する諸力のほうも諸力への抵抗のほうも、固まってしまうこと、真に永続的覇権を獲得してしまうことがないようになっているという。ラクラウとムーフが粗述しようとしたマルクス主義は、社会体から敵対的政治なるものを引き出しうるものとされている。社会体から引き出されるのは、社会運動の力を活用できるような敵対的政治、「古典的」マルクス主義のような教条主義に凝り固まってしまうことなく、むしろ転換や変化に対応できるような敵対的政治だという。彼らが粗述するのは、「社会的なものの複数性が形づくられる解放的言説のもつあの無限の相互テクスト性へと薄められる」（Laclau & Mouffe 2001, 5）ことのできるマルクス主義があるべきだとする要求である。ここにあるのは、政治的戦略という概念に向けてラディカルに開かれているというイメージである。したがって、ラクラウらのいう敵対的政治なるものの主張によれば、システムが物事を全体化するようなものだということはありえない。つまり、主権や国家の水準でではなく社会的なものの水準で何らかの変化が起こったばあい、システムがその変化に対応できないということはありえない。だが、アガンベンが著作群を通じて明らかにし、また私が本書を通じて指摘してきたとおり、「戦略」はアガンベンの著作の鍵をなす部分である。彼の著作に力をもたらし、彼の生政治批判に力を与えているのがまさに、到来する共同体という概念である。ギー・ドゥボールとメトロポリスに関する講演でアガンベンが述べているとおり、「いかに「純粋」な、一般的な、抽象的なものであろうとしても、あらゆる思考は歴史的・時間的なしるしを帯びているのであって、それゆえ戦略や緊急性のなかに捉えられ、いわば巻きこまれている」（A 2006 b）。だとすれば、アガンベンの著作は、いかに抽象的であろうとも、現在に対する彼の関心につねに結びついている。

ラクラウによるアガンベン読解は、アガンベンの政治的立場をめぐってこの十年間に出された多くの「批判」にとって徴候的なものとなっている。彼の立場に対するその他の直接的批判は通常、彼の文献学を向こうにまわした対抗的文献学となっている。それによって、彼の批評的系譜学がきわめて独特のものだということをあらわにしようというのである。たとえば、ローラン・デュブルイユを取りあげてみよう。彼が強調しているのは次のようなことである。ゾーエーとビオスの区別をめぐってハナ・アーレントのおこなった理解は独特だが、この理解をアガンベンはそのまま受け取り、そこから推測を働かせて、古代ギリシアに生がどのように見られていたかを一からげに理解してしまっている。デュブルイユの論証によれば、ここには特定の言語形式が踏みこんでおり、それが過剰なまでの概念的な働きをしてしまっている。そのような働きは、具体的な歴史的基礎づけというよりは、高度に政治化された術策と見なされなければならないという。デュブルイユは次のように述べている。「アガンベンはアリストテレスのテクスト群を単純化したうえで、それらを「ギリシア人」という壮大な実体へと溶かしこむ。権威によって基礎づけられていない議論のなかには、口にされていない動機が埋めこまれている。私たちはそれを露呈させ、次いで告発しなければならない。「政治的実存」の全体を言語（logos）に繋ぎとめるときでさえ、アガンベンが舌における意味論的現象に耳を貸すことはない」（Dubreuil 2006, 86）。ここでの議論は、アガンベンの著作が「ギリシア人」を西洋文化の基礎づけとして特権化しながら、そのような言明のなかを経巡っている権力と権威に関する問いを覆い隠してしまうというものである。古代ギリシア文化もその言語使用も複雑なものだとすれば、生を政治的な生へと包括的に結びつけようとするアガンベンの企ては不安定になる。「政治の外にある生を肯定する」（Dubreuil 2006, 97）というのがデュブルイユのねらいである。すべての生が生政治という罠にかかっているというような考えかた、抵抗の土台は生政治という次元からのみ存在しうるというような考えかたには屈しないというわけである。もしかするとデュブルイユは、アガンベン自身が生政治による捕捉を超えた先で生を称讃しているということや、アガンベンの著作においてより広範囲にわたって無為が拠りどころとされているということを見逃しているのかもしれない。

議論にこれほど批判的に関与するものでないとはいえ、避けられないような企ても次々に現れている。それは、文化的・政治的・文学的な諸現象を読解する手段としてホモ・サケルというパラダイムや剝き出しの生への問いを用いようとする企てである。現代の生政治的実践の本性を捉えるためにアガンベンの著作が用いられてきたというのは第四章で見たとおりである。現在という政治的時点の複雑さをあらわにする診断装置として彼を用いようとするそのような企ては、厳密さが保たれているかぎりは重要なものである。例を挙げるにしても、それが単に彼の実践が有効であることの一例としてではなく、当の実践について内省する手段として用いられているかぎりはである。ところが、そのような「実践的」な問いも、アガンベンを自分の言説領域に引きこんで「ホモ・サケル探し」をして遊ぼうとする批評家たちによって霞んでしまう。この方法論の支持者をここで個別に名指ししようとは思わないが、この方法論は個々の作家、芸術家、映画監督が作品内で剝き出しの生の逆説的本性を表象していると示そうとする。そこでの目的はもちろん、当の作者ないし芸術家をラディカルなやりかたで捉えるということである。その作者ないし芸術家がいかに驚異的な洞察力を備え、アガンベンを読んでもいないのにいかに主権的例外化と剝き出しの生の本性を捉えているかを論証するというわけである。なるほど、連想にもとづいて作者ないし芸術家をラディカルに捉えるというこのような方法が何らかの生産的介入をもたらすこともあるかもしれない。だが、それはせいぜいがアガンベンを通り一遍に探査・検討し、当の作者ないし芸術家に対して批判的再検討を加えるということにしかならない。最悪のばあいそれは単に、批評理論における次の「大物」に飛びついて使うということにすぎない。現代のアカデミズムの世界を知的生産製粉場になぞらえれば、アガンベンはそこにもちこまれた新たな穀物だというわけである。

現代人アガンベン

本書を締めくくるために私は次のことを指摘したい。アガンベン思想は、文献学や政治理論に関するアカデミックな論議よりもはるかに多くのものを私たちに提供する。知的諸問題に対する診断キットとして彼の著作を読むことは完全に的外れである。スペクタクルの文化において私たちは自分の隷従を消費し、他者のはなはだしい隷従に対して自らの盲《めし》いた目を向けている。この文化において、政治が「持続的な蝕」に本当に入りこんでいると認めるのは難しいことではない。だが、いくつかの国でおこなわれた民主主義的選挙というヒステリックなサーカスによって最近も示されたとおり、左翼／右翼というカテゴリーは空虚なものになっている。左翼は単に「善良な民主主義的市民という偽善的仮面」となっており、他方の右翼は「ためらわず脱主体化へと向かう」（A 2006 a, 32〔九二〕）。主権的権力に抗して集まって闘う集合的な社会的主体・行為者というかつての概念は、オイコノミアに対して完全に不利なものとなっている。オイコノミアというのは最近の彼の著作において、ある統治形式に与えられている名である。それは行政が自らの上に折り重なっているようなエコノミーのことである。オイコノミアは純粋な存在に対して自らの意志を、また自らの制御と支配のプロセスを押しつけ、主体性というカテゴリーを制御すべく脱主体化・空虚化することを目して働く。

かつてのオイコノミアは主体化を実定的に構築することを目指していたが、いまや私たちは主体化と脱主体化が「不分明な」世界に生きているとアガンベンは見なしている。観察・監視プロセスを通じて自分たちを脱主体化しようとする企てを、民衆は決まりきったものとして受け容れている。この民衆をアガンベンは「これまでの人類の歴史のなかでも最も従順で虚弱な社会体」と形容している。だが、だからといって、私たちが窮極の「従順な身体」になったという安心感を国家装置が手にするわけではない。アガンベンによれば、次のことは逆説ではない。「〔……〕ポスト産業民主主義の市民〔……〕が、せよと言われることをすべて几帳面に実行し、日常的な身振りを慰めとし、気晴らしを仕事とし、食物を欲望の対象とし、これらがどんなに些細な細部に至るまでも諸装置によって指揮され制御されるにまかせるとき、この毒にも薬にもならない市民が――おそらくはそれゆえに――権力からは潜在的テロリストと見なされる」（A 2006 a, 33〔九三〕）。世界じゅうの国民国家が、私たち全員にテロリストの容疑をかける必要を感じて生体認証と監視をおこなっている。このことは、私たちを制御しようとする諸装置の企てが無為であることを指し示している。このグローバルな統治機械は私たちを破局へと効果的に導いている。その破局を、私たちは気にもとめずに抱擁しているように思われる。

だが、このような批判はけっして何らかのノスタルジアと見なされてはならない。これは、過去を称讃し、私たちの時代を衰退の時代と見なそうとする企てではない。私たちはアガンベンの著作を、最良のありかたで現代的であるものと見なさなければならない。彼は過去を探究し、過去の構造・論理・構成を探究するが、その探究はその過去が現在にまで続いているということを見て取る目をもってなされている。現代的であるとは、窮極的には、現在の暗さがどのように過去に影を落としているかを見るということを意味する。だとすれば、アガンベンの著作はその影をたどるものだということになる。それは、私たち自身の歴史的構造を見ようとする企てである。つまり、彼にとって現代的であるとは、現在の暗い光を通して過去に向きあうということである。だが、そのプロセスによって、現在は変わらぬままではいない。「現代的であるとは、この意味では、これまで私たちの来たことがない現在へと回帰するということを意味する」（A 2009 a, 30〔三四―三五〕）。

FURTHER READING

読書案内

ジョルジョ・アガンベンの著作は大半が英語訳されているが、最近イタリア語で刊行された数点は翻訳作業が進行中である。したがって、以下に挙げるリストは今後、拡充される必要がある。これまで何度も指摘してきたように、彼の著作群によって扱われているものはさまざまな領域におよんでいる。また彼の著作では必ずしも議論や説明が明瞭とはかぎらない。したがって、どの本から読みはじめればよいか助言をするのは難しい。だが、『ポテンシャリティズ』〔英語で独自に編集された論文集。後にイタリア語で出されたほぼ同内容の増補版がすでに『思考の潜勢力』として日本語でも読める。以下の文献表では『思考の潜勢力』で指示する〕は、新たな読者が彼の文体や方法の概要を知るのに充分な拡がり――書かれた年代という意味でも、内容という点からも充分な拡がり――を提供してくれる。また、『目的のない手段』〔日本語版では『人権の彼方に』〕は最も明晰で直接的な彼の姿を提示してくれる。この本はまた、「ホモ・サケル」シリーズに取り組む前に、その準備となる明快な読解をもたらすものである。私の考えでは、『言語と死』〔日本語版では『言葉と死』〕は依然として、彼の著作に入って行くにあたって重要な出発点である。彼はこの著作で、言語への自分の取り組みをある程度まで提示し、基礎に関する重要な問いについて議論している。なるほど、このテクストは抽象的であり、マルティン・ハイデガーに慣れ親しんでいない読者に対して多くを与えてくれはしない。だが、この本は探究を進めるにあたって力強い基礎を読者にもたらすことだろう。その先に、読者の進むべき定まった道はない。個々の読者の関心によるところが大きい。ある読者は政治に、他の読者は文学に興味を抱いているだろう。それでも途方に暮れる読者には、『スタンツェ』へと進み、次いで『ホモ・サケル』、そして『開かれ』へと読み進めることを勧めたい。

〔以下の著作リストは英語版では略号指示の都合上、題のアルファベット順になっていたが、刊行順に並べなおしておく。また、可能なかぎり英語版からオリジナルに指示を差し替える。日本語訳については、複数あるばあいは最新のもの、入手しやすいものを指示する〕

アガンベンの著作

A 1970 [1994]　*L'uomo senza contenuto* (Milano: Rizzoli, 1970 [Macerata: Quodlibet, 1994]). 〔『内容のない人

間』（日本語版では『**中味のない人間**』）岡田温司ほか訳（人文書院、二〇〇二年）〕

一九七〇年に刊行された、アガンベンにとって最初の本。彼はこの著作で、近代における芸術作品と芸術家の関係を探っている。後年の著作と比べるとはるかに伝統的な「哲学的」文体で書かれていることは指摘しておいてよい。この本は、彼の思想がどのように生成していったかを理解するにあたって重要な資料である。

A 1977 [1993]　*Stanze* (Torino: Einaudi, 1977 [1993]). 〔『**スタンツェ**』岡田温司訳（筑摩書房、二〇〇八年）〕

アガンベンの最重要著作の一つ。構造主義を含むいくつかの批評パラダイムに対する広範な批判である。彼は西洋哲学を駆動させてきたのは意味への欲望だと主張するが、ここでは意味への欲望に結びついていない記号学概念が粗述されている。彼は精神分析という方法論とのあいだに批判的関係をもち続けているが、この本は彼が精神分析を最も明瞭なしかたで検討している著作でもある。

A 1978 [2001]　*Infanzia e storia* (Torino: Einaudi, 1978 [2001]). 〔『インファンティアと歴史』（日本語版では『**幼児期と歴史**』）上村忠男訳（岩波書店、二〇〇七年）〕

論文集。その中心となる表題作は、経験概念および近代におけるその破壊を探る重要論文である。この論文はとくにイマヌエル・カントに関する議論を、また文学に関する示唆に富む議論を提供している。

A 1982 [2008]　*Il linguaggio e la morte* (Torino: Einaudi, 1982 [2008]). 〔『言語と死』（日本語版では『**言葉と死**』）上村忠男訳（筑摩書房、二〇〇九年）〕

マルティン・ハイデガーの哲学とG・W・F・ヘーゲルの哲学を扱った独特な本。言語哲学および存在の否定的基礎——アガンベンはこの基礎を通じて、またこの基礎を超えて考えようとしている——に対する彼の取り組みが提示されている。

A 1985 [2002]　*Idea della prosa* (Milano: Feltrinelli, 1985 [Macerata: Quodlibet, 2002]). 〔『散文のイデア』。未訳〕

哲学テクストと文学テクストの両方を扱う、一連のただならぬ、濃厚な小論・断片を集めたもの。フランツ・カフカに関する重要な議論も見られる。

A 1990 [2001]　*La comunità che viene* (Torino, Giulio Einaudi, 1990 [Torino: Bollati Boringhieri, 2001]).〔**『到来する共同体』**上村忠男訳（月曜社、二〇一二年）〕

アガンベンのいう「何であれの存在」という概念は共同体概念を再考する基礎となるものだが、その概念を粗述する小論・断片を集めた本。文体という面から見れば彼の著作のなかで最も挑発的なものと言えるが、これは彼の思想の地平を理解するための必須著作である。

A 1993　"Bartleby o della contingenza," in Gilles Deleuze & Agamben, *Bartleby: La formula della creazione* (Macerata: Quodlibet, 1993), pp. 43–85.〔**「バートルビー　偶然性について」**、**『バートルビー』**高桑和巳訳（月曜社、二〇〇五年）七―九〇頁〕

〔英語版では『ポテンシャリティズ』に含まれていた論考だが、『思考の潜勢力』(A 2005) には含まれていない。本書（日本語版）では独立させて指示する〕

A 1995　*Homo sacer* (Torino: Einaudi, 1995).〔**『ホモ・サケル』**高桑和巳訳（以文社、二〇〇三年）〕

アガンベンの著作のなかでも最も影響力のあった、最もよく知られているテクスト。ここで企てられている西洋の法政治思想の批判は主権の逆説を探ることによって、また政治システムから排除されながら内包されている諸形象を探ることによってなされている。

A 1996 a　*Mezzi senza fine* (Torino: Bollati Boringhieri, 1996).〔『目的のない手段』（日本語版では**『人権の彼方に』**）高桑和巳訳（以文社、二〇〇〇年）〕

論文集。そのうちの数本は、『ホモ・サケル』においてさらに複雑な形で姿を現すことになる業績に対する註釈となっている。この本にはまた重要論文「身振りについての覚え書き」や、イタリア政治やメディアに関する考察も含まれている。

A 1996 b [2010]　*Categorie italiane* (Venezia: Marsilio, 1996 [Roma/Bari:Laterza, 2010]).〔**『イタリア的カテゴ**

リー』岡田温司監訳（みすず書房、二〇一〇年）〕
ダンテ・アリギエーリからジョルジョ・カプローニに至るイタリア詩に関する一連の論文を収めたもの。アガンベンは詩を、詩作品の終わりでリズム的要素と意味的要素のあいだの緊張状態を抹消することによって意味を定めてしまうことへの不安なるものによって定義づけられるものと理解しているが、そのような彼の理解が粗述されているのがこの本である。

A 1998 a　*Quel che resta di Auschwitz* (Torino: Bollati Boringhieri, 1998).〔**『アウシュヴィッツの残りのもの』**上村忠男ほか訳（月曜社、二〇〇一年）〕
「ホモ・サケル」シリーズに属するこの本は戦後倫理を再考しようとするものだが、探査の対象となっているのは相互主観的責任ではなく、証言の表象形式である。単に被収容者によるホロコーストの回想に関する研究として描写されてはいるが、この著作は倫理に関するそれよりもはるかに広い理解を粗述し、また当の倫理と文学との関係を粗述するものとなっている。

A 1998 b [2004]　"Le cinéma de Guy Debord," in *Image et mémoire* (Paris: Hoëbeke, 1998 [Paris: Desclée de Brouwer, 2004]), pp. 87–96.〔**「ギー・ドゥボールの映画」、『ニンファ　その他のイメージ論』**高桑和巳訳（慶應義塾大学出版会、近刊）〕

A 1999 a　"Une biopolitique mineure," Mathieu Potte-Bonneville *et al.* (interviewer), *Vacarme*, no. 10 (Paris: Vacarme, winter 1999), pp. 4–10.〔「マイナーな生政治」。未訳〕

A 1999 b　"On Potentiality," in *Potentialities*, trans. Daniel Heller-Roazen (Stanford: Stanford University Press, 1999), pp. 177–184.〔「潜勢力について」。未訳。本論文を収録する『ポテンシャリティズ』（英語版論文集）は実質的に『思考の潜勢力』（A 2005 a）へと姿を変えたが、本論文に関しては内容のかなり異なる異本が用いられた（題も「思考の潜勢力」と変更された）。そのため、本書では本論文を参照する際にかぎってこの『ポテンシャリティズ』所収の英語版を用いる。『思考の潜勢力』所収のその他の論文につ

いてはA 2005 a を参照〕

A 2000　*Il tempo che resta* (Torino: Bollati Boringhieri, 2000).〔**『残りの時』**上村忠男訳（岩波書店、二〇〇五年）〕

パウロという形象に関する、細部にわたる註解。この著作はメシア的なものについて、またメシア的時間について明瞭なイメージを与えてくれる。アガンベンがキリスト教の釈義や文献学を用いている典型的著作である。

A 2002 a　*L'aperto* (Torino: Bollati Boringhieri, 2002).〔**『開かれ』**岡田温司ほか訳（平凡社、二〇一一年）〕

ハイデガーの検討を中心として、西洋思想の人間論的基礎の研究をおこなったもの。

A 2002 b　"What Is a Paradigm ?"〔「パラダイムとは何か?」。未訳。『事物の印徴』（後述）所収の同名テクスト（日本語版では「パラダイムとはなにか」）は細部の異なる異本〕

ヨーロッパ大学院（EGS）〔スイスのザース-フェーにある」で二〇〇二年におこなわれた講義。本書では以下から引用している。http://www.egs.edu/faculty/giorgio-agamben/articles/what-is-a-paradigm/

A 2003　*Stato di eccezione* (Torino: Bollati Boringhieri, 2003).〔**『例外状態』**上村忠男ほか訳（未來社、二〇〇七年）〕

『ホモ・サケル』に続く探究。主権的例外化に関するいっそう深い議論を提示している。この本は、アガンベンの著作においてカール・シュミットの占める場についてさらに知るにあたって重要である。

A 2004　"Bodies without Words: Against the Biopolitical Tatoo," *German Law Journal*, 5, no 2 (Buffalo: HeinOnline, 2004), pp. 168–169.〔「単語のない身体」。以下のイタリア語版はほぼ同一の内容。"Se lo stato sequestra il tuo corpo," *La Repubblica* (Roma: La Repubblica, Jan. 8, 2004), pp. 42–43.〕

A 2005 a　*La potenza del pensiero* (Vicenza: Neri Pozza, 2005).〔**『思考の潜勢力』**高桑和巳訳（月曜社、二

〇〇九年)〕

アガンベンの長い経歴から選ばれた一連の重要論文を集めたもの。アリストテレス、ヴァルター・ベンヤミン、ハーマン・メルヴィルに関する重要論文を含む〔『思考の潜勢力』に母型を提供した『ポテンシャリティズ』(英語版論文集)にはメルヴィル論が含まれているが、これはイタリア語および日本語ではA 1993として刊行されている〕。ジャック・デリダやジル・ドゥルーズに関する論文も含まれており、彼が直前の世代の思想家たちとどのような関係をもったかを理解するにあたって重要である。

A 2005 b　*Profanazioni* (Roma: Nottetempo, 2005).〔『瀆聖』(日本語版では『**瀆神**』)上村忠男ほか訳(月曜社、二〇〇五年)〕

さまざまなトピックを論じた論文を集めた小著。中心をなす論文「瀆聖礼讃」(日本語版では「瀆神礼賛」)は、アガンベンの批評方法のもつ無為の力について明瞭な印象を提供してくれる。

A 2006 a　*Che cos'è un dispositivo?* (Roma: Nottetempo, 2006).〔「**装置**《ディスポジティフ》**とは何か?**」高桑和巳訳、『現代思想』第三十四巻、第七号(青土社、二〇〇六年六月)八四—九四頁〕

〔英語版では、英語で独自に編集された小論集(A 2009 c)に含まれているが、ここでは参照を独立させておく〕

A 2006 b　"Metropolis."〔「メトロポリス」。未訳〕

二〇〇六年十一月十六日に〔イタリアのヴェネツィアで開かれた「メトロポリス/マルチチュード」と題されたシンポジウムで〕おこなわれた講演。音声ファイルが以下にある。http://archive.globalproject.info/art-9966.html　本書ではアリアンナ・ボヴェによる以下の英語訳から引用している。http://www.generation-online.org/p/fpagamben4.htm〔音声ファイルは翻訳作業時にすでにアクセス不能となっていたため、本書(日本語版)での引用はこの英語訳をもとにした重訳になっている〕

A 2007　*L'amico* (Roma: Nottetempo, 2007).〔『友』。未訳〕

〔英語版では、英語で独自に編集された小論集（A 2009 c）に含まれているが、ここでは参照を独立させておく（本文中での参照はない）〕

A 2008　“Archeologia filosofica,” in *Signatura rerum* (Torino: Bollati Boringhieri, 2008), pp. 82–111.〔「哲学的考古学」、『事物の印徴』（日本語版では**『事物のしるし』**）岡田温司ほか訳（筑摩書房、二〇一一年）一一五―一七〇頁〕

A 2009 a　“Che cos'è il contemporaneo ?,” in *Nudità,* 19–32.〔**「同時代人とは何か？」**、**『裸性』**岡田温司ほか訳（平凡社、二〇一二年）二一―三七頁〕
〔英語版では、英語で独自に編集された小論集（A 2009 c）に含まれているが、ここでは参照を独立させておく〕

A 2009 b　“K,” in *Nudità* (Roma: Nottetempo, 2009), pp. 33–57.〔**「K」**、『裸性』三九―六五頁〕

A 2009 c　*What Is an Apparatus ? and Other Essays,* ed. & trans. David Kishik *et al.* (Stanford: Stanford University Presss, 2009).〔『装置とは何か？　その他の論文』。英語で独自に編集された小論集。A 2006 a と A 2007 と A 2009 a を収める。本書では指示をこれら三つに分散させる〕
論争的な数本の論文を収録した小著。収録論文は、現代の出来事に関わるアガンベンの位置取りの優れた例を提供してくれる。また、彼の考古学的技術が有効であるということを強く示すものでもある。

〔その他の著作を、単行本、および日本語訳の存在する文献にかぎって追加しておく〕
“Sauf les hommes et les chiens,” *Libération* (Paris: Libération, Nov. 7, 1995), p. 37.〔**「人間と犬は除いて」**石田靖夫訳、『現代思想』第二十五巻、第一号（青土社、一九九六年一月）五八―五九頁〕
“Du bon usage de la mémoire et de l'oubli,” trans. Yann Moulier-Boutang, in Toni Negri, *Exil,* trans. François Rosso *et al.* (Paris: Mille et une nuits, 1998), pp. 57–60.〔**「記憶と忘却のうまい使い方について」**、トニ・ネグリ『未来への帰還』杉村昌昭訳（インパクト出版

会、一九九九年）九五―一〇〇頁〕

"Stato e terrore: Un abbraccio funesto," *Il manifesto* (Roma: Il manifesto, Oct. 27, 2001), extra (*Alias*), p. 8.〔「国家と恐怖」（日本語版では**「秘密の共犯関係」**）中山元編訳『発言』（朝日出版社、二〇〇二年）三四―三八頁〕

"L'état d'exception," trans. Martin Rueff, *Le monde* (Paris: Le monde, Dec. 12, 2002), pp. 1, 16.〔**「例外状態」**高桑和巳訳、『現代思想』第三十二巻、第九号（青土社、二〇〇四年八月）一四二―一五〇頁〕

"Das Leben, ein Kunstwerk ohne Autor," Ulrich Raulff (interviewer), *Süddeutsche Zeitung* (München: Süddeutscher Verlag, Apr. 6, 2004), p. 16.〔**「生、作者なき芸術作品」**長原豊訳、『現代思想』第三十四巻、第七号（青土社、二〇〇六年六月）七〇―七七頁〕

Il regno e la gloria (Vicenza: Neri Pozza, 2007 [Torino: Bollati Boringhieri, 2009]).〔**『王国と栄光』**高桑和巳訳（青土社、二〇一〇年）〕

Ninfe (Torino: Bollati Boringhieri, 2007).〔**「ニンファ」**、『ニンファ　その他のイメージ論』高桑和巳訳（慶應義塾大学出版会、近刊）。日本語で独自に編纂されたこの『ニンファ　その他のイメージ論』にはイメージ・絵画をめぐる他のテクストも多数収録されている〕

Signatura rerum (Torino: Bollati Boringhieri, 2008).〔**『事物の印徴』**（日本語版では『事物のしるし』）岡田温司ほか訳（筑摩書房、二〇一一年）。収録論文のうち「哲学的考古学」についてはすでに言及あり〕

Il sacramento del linguaggio (Roma/Bari: Laterza, 2008).〔**『言語の秘蹟』**。未訳〕

"Terrorisme ou tragi-comédie," trans. Martin Rueff, *Libération*, no. 8566 (Paris: Libération, November 19, 2008), p. 36.〔**「テロリズムあるいは悲喜劇」**『来たるべき蜂起』翻訳委員会訳、不可視委員会『来たるべき蜂起』（彩流社、二〇一〇年）一五七―一六〇頁〕

"Note liminaire sur le concept de démocratie," in *La démocratie, dans quel état ?* (Paris: La Fabrique, 2009), pp. 9-13.〔**「民主主義概念に関する巻頭言」**太田悠介訳、『民主主義は、いま？』（以文社、二〇一一年）一〇―一五頁〕

Nudità (Roma: Nottetempo, 2009).〔**『裸性』**岡田温司

ほか訳（平凡社、二〇一二年）。収録論文のうち二本についてはすでに言及あり〕

La ragazza indicibile (Milano: Mondadori Electa, 2010).〔『言いえない娘』。未訳〕

La chiesa e il regno (Roma: Nottetempo, 2010).〔『教会と王国』。未訳〕

Altissima povertà (Vicenza: Neri Pozza, 2011).〔『**いと高き貧しさ**』太田綾子ほか訳（みすず書房、二〇一四年）〕

Opus dei (Torino: Bollati Boringhieri, 2012).〔『神の業《オプス・デイ》』。未訳〕

Il mistero del male (Roma/Bari: Laterza, 2013).〔『悪の神秘』。未訳〕

Pilato e Gesù (Roma: Nottetempo, 2013).〔『ピラトとイエス』。未訳〕

Qu'est-ce que le commandement ?, trans. Joël Gayraud (Paris: Rivages, 2013).〔『命令とは何か?』。未訳〕

Il fuoco e il racconto (Roma: Nottetempo, 2014).〔『火と物語』。未訳〕

L'uso dei corpi (Vicenza: Neri Pozza, 2014).〔『身体の使用』。未訳〕

アガンベンに関する二次文献

アガンベンが現代思想における重要な思想家の一人として本当に知られるようになったのはこの十年ほどのことにすぎない。彼の思想が現代思想の舞台に現れたのはこのように比較的遅いことだったため、いまだに二次文献が充実しておらず、はっきりとした定説や重要な註釈者が登場するのは依然として先のことになる。以下に挙げる業績のほかにも刊行準備中の著作や刊行されたばかりの本がある。三点の論文集、および三点の雑誌特集号は、大部分において『ホモ・サケル』に焦点を当てて――否定的な調子で語って――いるが、各論文の取り組みかたはさまざまである。読者は、彼を探究するにあたって特定の方針をたどろうと思うのであれば、論文集や雑誌特集号の全体を通して読むのではなく、個別の論文を読むべきである。本書で引用した個別の論文については巻末の文献表に挙げてある。

モノグラフ

Catherine Mills, *The Philosophy of Giorgio Agamben* (Stocksfield: Acumen Press, 2008).

Leland de la Durantaye, *Giorgio Agamben: A Critical Introduction* (Stanford: Stanford University Press, 2009).

〔日本語では以下が読める〕

Eva Geulen, *Giorgio Agamben zur Einführung* (Hamburg: Junius, 2005).〔『アガンベン入門』岩崎稔ほか訳（岩波書店、二〇一〇年）〕

岡田温司『アガンベン読解』（平凡社、二〇一一年）。

論文集

Andrew Norris, ed., *Politics, Metaphysics, and Death: Essays on Giorgio Agamben's "Homo Sacer"* (Durham: Duke University Press, 2004).

Matthew Calarco *et al.*, ed., *Giorgio Agamben: Sovereignty and Life* (Stanford: Stanford University Press, 2007).

Justin Clemens *et al.*, ed., *The Work of Giorgio Agamben: Law, Literature, Life* (Edinburgh: Edinburgh University Press, 2008).

雑誌の特集号

Paragraph, 25, no. 2 (Edinburgh: Edinburgh University Press, July 2002).

Contretemps, 5 (Sydney: University of Sydney, Dec. 2004).〔オンライン・ジャーナル〕http://sydney.edu.au/contretemps/contretemps5.html

South Atlantic Quarterly, 107, no. 1 (Durham: Duke University Press, winter 2008).

Theory & Event, 13, no. 1 (Baltimore: Johns Hopkins University Press, 2010).

〔日本語では以下が読める〕

『現代思想』第三十四巻、第七号（青土社、二〇〇六年六月）。

WORKS CITED

引用文献

〔引用文献は、オリジナルが英語でないばあい、可能なかぎり原語文献に差し替えている（オリジナルが英語であるばあいも、参照しやすい、ないし定評のあるものに適宜変更していることがある）。本文で孫引きになっているものについては、可能なかぎり原典もあわせて指示する。日本語訳の存在するばあい、〔 〕に入れて指示している（本文中ではページのみ指示）〕

Adorno 1977　Theodor W. Adorno, "Kulturkritik und Gesellschaft," in *Prismen*, in *Gesammelte Schriften*, 10-1, ed. Gretel Adorno *et al.* (Frankfurt am Main: Suhrkamp, 1977), pp. 11–30.〔「文化批判と社会」、『プリズメン』渡辺祐邦ほか訳（筑摩書房、一九九六年）九—三六頁〕

Agamben　→「読書案内」を参照（本文中ではアガンベンは「A」で表し、「A 1993」などとしている）。

Antelme 1957　Robert Antelme, *L'espèce humaine* (Paris: Gallimard, 1957).〔『人類』宇京頼三訳（未來社、一九九三年）〕

Baugh 2003　Bruce Baugh, *French Hegel: From Surrealism to Postmodernism* (London: Routledge, 2003).

Beckett 1980　Samuel Beckett, *Company* (London: Calder, 1980).〔『伴侶』宇野邦一（書肆山田、一

九九〇年)〕

Benjamin 1974 a　Walter Benjamin, “Der Begriff der Kunstkritik in der deutschen Romantik,” in *Gesammelte Schriften,* 1-1, ed. Rolf Tiedemann *et al.* (Frankfurt am Main: Suhrkamp, 1974), pp. 9–122.〔「ドイツ・ロマン主義における芸術批評の概念」、『ドイツ・ロマン主義における芸術批評の概念』浅井健二郎訳（筑摩書房、二〇〇一年）一〇—二六四頁〕

Benjamin 1974 b　Walter Benjamin, “Erkenntniskritische Vorrede,” in *Ursprung des deutschen Trauerspiels,* in *Gesammelte Schriften,* 1-1, ed. Rolf Tiedemann *et al.* (Frankfurt am Main: Suhrkamp, 1974), pp. 207–237.〔「認識批判的序章」、『ドイツ悲劇の根源』上巻、浅井健二郎訳（筑摩書房、一九九九年）一六—九三頁〕

Benjamin 1977 a　Walter Benjamin, “Der Erzähler,” in *Gesammelte Schriften,* 2-2, ed. Rolf Tiedemann *et al.* (Frankfurt am Main: Suhrkamp, 1977), pp. 438–465.〔「物語作者」三宅晶子訳、『ベンヤミン・コレクション』第二巻（筑摩書房、一九九六年）二八四—三三四頁〕

Benjamin 1977 b　Walter Benjamin, “Das Leben der Studenten,” in *Gesammelte Schriften,* 2-1, ed. Rolf Tiedemann *et al.* (Frankfurt am Main: Suhrkamp, 1977), pp. 75–87.〔「学生の生活」浅井健二郎訳、『ベンヤミン・コレクション』第五巻（筑摩書房、二〇一〇年）六七—九〇頁〕

Benjamin 1977 c　Walter Benjamin, “Franz Kafka,” in *Gesammelte Schriften,* 2-2, ed. Rolf Tiedemann *et al.* (Frankfurt am Main: Suhrkamp, 1977), pp. 409–438.〔「フランツ・カフカ」西村龍一訳、『ベンヤミン・コレクション』第二巻（筑摩書房、一九九六年）一〇八—一六三頁〕

Benjamin 1982　Walter Benjamin, Konvolut N, in *Passagenwerk,* in *Gesammelte Schriften,* 5-1, ed. Rolf Tiedemann (Frankfurt am Main: Suhrkamp, 1982), pp. 570–611.〔「N」、『パサージュ論』第三巻、今村仁司ほか訳（岩波書店、二〇〇三年）一七〇—二五〇頁〕

Benjamin 1989　Walter Benjamin, “Das Kunstwerk im Zeitalter seiner technischen Reproduzierbarkeit,” in *Gesammelte Schriften,* 7-1, ed. Rolf Tiedemann *et al.*

(Frankfurt am Main: Suhrkamp, 1989), pp. 350–384.〔「複製技術時代の芸術作品」久保哲司訳、『ベンヤミン・コレクション』第1巻（筑摩書房、一九九五年）五八四―六四〇頁〕

Benveniste 1966　Émile Benveniste, "La nature des pronoms," in *Problèmes de linguistique générale*, 1 (Paris: Gallimard, 1966), pp. 251–257.〔「代名詞の性質」高塚洋太訳、『一般言語学の諸問題』岸本通夫監訳（みすず書房、一九八三年）二三四―二四一頁〕

de Boever 2009　Arne de Boever, "Agamben and Marx: Sovereignty, Governmentality, Economy," *Law and Critique*, 20, no. 3 (Dordrecht: Springer, November 2009), pp. 259–270.

Caproni 1999　Giorgio Caproni, "Ritorno," in *Tutte le poesie* (Milano: Garzanti, 1999), p. 392.

Carroll 1998　Lewis Carroll, *The Annotated Alice: The Definitive Edition*, ed. Martin Gardner (London: W. W. Norton & Company, 2000).〔『新注　鏡の国のアリス』高山宏訳（東京図書、一九九四年）〕

Debord 1992　Guy Debord, *La société du spectacle* (Paris: Buchet-Chastel, 1967 [Paris: Gallimard, 1992]).〔『スペクタクルの社会』木下誠訳（筑摩書房、二〇〇三年）〕

de la Durantaye 2000　Leland de la Durantaye, "Agamben's Potential," *Diacritics*, 30, no. 2 (Baltimore: Johns Hopkins University Press, summer 2000), pp. 3–24.

Deleuze 1986　Gilles Deleuze, "Preface to the English Edition," in *Cinema, 1: The Movement-Image*, trans. Hugh Tomlinson *et al.* (Minneapolis: University of Minnesota Press, 1986), pp. ix–x.〔「『シネマ』英語版序文」木村建哉訳、『ユリイカ』第二十八巻、第十二号（青土社、一九九六年十月）三二―三七頁〕

Derrida 1967　Jacques Derrida, *De la grammatologie* (Paris: Minuit, 1967).〔『根源の彼方へ』上巻、足立和浩訳（現代思潮社、一九七六年）〕

Derrida 1972　Jacques Derrida, "Signature événement contexte," in *Marges de la philosophie* (Paris: Minuit, 1972), pp. 367–393.〔「署名・出来事・コンテクスト」、『哲学の余白』下巻、藤本一勇訳（法政大学出版局、二〇〇八年）二二九―二六八頁〕

Dubreuil 2006　Laurent Dubreuil, “Leaving Politics: Bios, Zōē, Life,” *Diacritics,* 36, no. 2 (Baltimore: Johns Hopkins University Press, summer 2006), pp. 83–98.

Fitzmyer 2007　Joseph A. Fitzmyer, *The One Who Is to Come* (Grand Rapids: William B. Eerdmans, 2007).

Foucault 1994　Michel Foucault, “Nietzsche, la généalogie, l’histoire,” in *Dits et écrits,* 2 (Paris: Gallimard, 1994), pp. 136–156.〔「ニーチェ、系譜学、歴史」伊藤晃訳、『フーコー・コレクション』第三巻、小林康夫ほか編（筑摩書房、二〇〇六年）三四九—三九〇頁〕

Foucault 2004　Michel Foucault, “Résumé du cours,” in *Naissance de la biopolitique* (Paris: Seuil/Gallimard, 2004), pp. 323–329.〔「講義要旨」、『生政治の誕生』慎改康之訳（筑摩書房、二〇〇八年）三九一—三九九頁〕

Franchi 2004　Stefano Franchi, “Passive Politics,” *Contretemps,* 5 (Sydney: University of Sydney, Dec. 2004), pp. 30–41.

Hegel 1970　G. W. F. Hegel, *Werke in zwanzig Bänden,* 3 (*Phänomenologie des Geistes*) (Frankfurt am Main: Suhrkamp, 1970).〔『精神現象学』上巻、樫山欽四郎訳（平凡社、一九九七年）〕

Heidegger 1977　Martin Heidegger, *Gesamtausgabe,* 2 (*Sein und Zeit*) (Frankfurt am Main: Vittorio Klostermann, 1977).〔『存在と時間』上巻、熊野純彦訳（岩波書店、二〇一三年）〕

Heidegger 1985 a　Martin Heidegger, “Die Sprache,” in *Gesamtausgabe,* 12 (*Unterwegs zur Sprache*) (Frankfurt am Main: Vittorio Klostermann, 1985), pp. 9–30.〔「言葉」、『ハイデッガー全集』第十二巻（『言葉への途上』）亀山健吉ほか訳（創文社、一九九六年）三—三三頁〕

Heidegger 1985 b　Martin Heidegger, “Der Weg zur Sprache,” in *Gesamtausgabe,* 12 (*Unterwegs zur Sprache*) (Frankfurt am Main: Vittorio Klostermann, 1985), pp. 229–257.〔「言葉への道」、『ハイデッガー全集』第十二巻（『言葉への途上』）亀山健吉ほか訳（創文社、一九九六年）二九五—三三四頁〕

Heidegger 1985 c　Martin Heidegger, “Das Wesen der Sprache,” in *Gesamtausgabe,* 12 (*Unterwegs zur Sprache*) (Frankfurt am Main: Vittorio Klostermann, 1985), pp.

149–204.〔「言葉の本質」、『ハイデッガー全集』第十二巻（『言葉への途上』）亀山健吉ほか訳（創文社、一九九六年）一八九—二六三頁〕

Joris 1988　Pierre Joris, "Translator's Preface," in Maurice Blanchot, *The Unavowable Community* (Barrytown, Station Hill Press, 1988), pp. xi–xxv.

Joyce 1992　James Joyce, *Ulysses* (London: Penguin, 1992).〔『ユリシーズ』第三巻、丸谷才一ほか訳（集英社、二〇〇三年）〕

Joyce 2000 a　James Joyce, *Finnegans Wake* (London: Penguin, 1992 [2000]).〔『フィネガンズ・ウェイク』第一巻、柳瀬尚紀訳（河出書房新社、二〇〇四年）〕

Joyce 2000 b　James Joyce, *Dubliners* (London: Penguin, 1992 [2000]).〔『ダブリナーズ』柳瀬尚紀訳（新潮社、二〇〇九年）〕

Kafka 1990　Franz Kafka, *Schriften Tagebücher Briefe*, 3-1 (*Der Proceß*) (Frankfurt am Main: S. Fischer, 1990).〔『カフカ小説全集』第二巻（『審判』）池内紀訳（白水社、二〇〇一年）〕

Kafka 1992　Franz Kafka, "[14] Hungerkünstlerheft," in *Schriften Tagebücher Briefe*, 5-2-1 (Frankfurt am Main: S. Fischer, 1992), pp. 371–459.〔「［14］断食芸人ノート」、『カフカ小説全集』第六巻、池内紀訳（白水社、二〇〇二年）三六五—四三二頁〕

Kafka 1994　Franz Kafka, "Die Sorge des Hausvaters," in *Ein Landarzt*, in *Schriften Tagebücher Briefe*, 6-1 (Frankfurt am Main: S. Fischer, 1994), pp. 282–284.〔「家父の気がかり」、『カフカ小説全集』第四巻、池内紀訳（白水社、二〇〇一年）二三一—二三二頁〕

Kant 1922　Immanuel Kant, *Werke*, 3 (*Kritik der reinen Vernunft*), ed. Ernst Cassirer (Berlin: Bruno Cassirer, 1922).〔『カント全集』第四巻（『純粋理性批判』上巻）有福孝岳訳（岩波書店、二〇〇一年）〕

Kittler 2003　Friedrich Kittler, "Der Mensch, ein betrunkener Dorfmusikant," in Renate Lachmann *et al.*, ed., *Text und Wissen* (Tübingen: Narr, 2003), pp. 29–43.

Laclau 2007　Ernesto Laclau, "Bare Life or Social Indeterminacy?," in Matthew Calarco *et al.*, ed., *Giorgio Agamben: Sovereignty and Life* (Stanford: Stanford University Press, 2007), pp. 11–22.

Laclau & Mouffe 2001　Ernesto Laclau & Chantal Mouffe, *Hegemony and Socialist Strategy: Towards a Radical Democratic Politics* (London: Verso, 1985 [2001]).〔『民主主義の革命』西永亮ほか訳（筑摩書房、二〇一二年）〕

Levitt 2008　Deborah Levitt, "Notes on Media and Biopolitics: 'Notes on Gesture'," in Justin Clemens *et al.*, ed., *The Work of Giorgio Agamben: Law, Literature, Life* (Edinburgh: Edinburgh University Press, 2008), pp. 193–211.

Marx 1985　Karl Marx, *Der 18. Brumaire des Louis Bonaparte,* in Marx & Friedrich Engels, *Gesamtausgabe,* 1-11 (Berlin: Dietz, 1985), pp. 96–189.〔『ルイ・ボナパルトのブリュメール18日［初版］』植村邦彦訳（平凡社、二〇〇八年）〕

Marx & Engels 1972　Karl Marx & Friedrich Engels, *Die Deutsche Ideologie,* in *Gesamtausgabe: Probeband* (Berlin: Dietz, 1972), pp. 33–119.〔『ドイツ・イデオロギー［序文・第1巻第1章］』渋谷正訳（新日本出版社、一九九八年）〕

Melville 1987　Herman Melville, "Bartleby the Scrivener," in *The Piazza Tales,* in *The Writings of Herman Melville,* 9 (Evanston & Chicago: Northwestern University Press & The Newberry Library, 1987), pp. 13–45.〔「バートルビー」、ジョルジョ・アガンベン『バートルビー　偶然性について』高桑和巳訳（月曜社、二〇〇五年）九三—一五九頁〕

Michaud 2000　Philippe-Alain Michaud, *Aby Warburg et l'image en mouvement* (Paris: Macula, 2000).

Mill 1977　John Stuart Mill, *Considerations on Representative Govenment,* in *Collected Works,* ed. John M. Robson (Toronto: University of Toronto Press, 1977), pp. 372–613.〔『代議制統治論』水田洋訳（岩波書店、一九九七年）三七四—三八七頁〕

Mills 2008　Catherine Mills, "Playing with Law: Agamben and Derrida on Postjuridical Justice," *South Atlantic Quarterly,* 107, no. 1 (Durham: Duke University Press, winter 2008), pp. 15–36.

Murray 2008　Alex Murray, "Beyond Spectacle and the Image: The Poetics of Guy Debord and Agamben," in Justin Clemens *et al.*, ed., *The Work of Giorgio Agamben: Law, Literature, Life* (Edinburgh: Edinburgh University

Press, 2008), pp. 164–180.
Nancy 1990　Jean-Luc Nancy, *La communauté désœuvrée* (Paris: Christian Bourgois, 1986 [1990]).〔『無為の共同体』西谷修ほか訳（以文社、二〇〇一年）〕
Negri 2003　Antonio Negri, "Il frutto maturo della redenzione," *Il manifesto* (Roma: Il manifesto, July 26, 2003), p. 13.
Rajaram & Grundy-Warr 2004　Prem Kumar Rajaram & Carl Grundy-Warr, "The Irregular Migrant as Homo Sacer: Migration and Detention in Australia, Malaysia and Thailand," *International Migration*, 42, no. 1 (Oxford: Blackwell, 2004), pp. 33–64.
Ross 2008　Alison Ross, "Introduction," *South Atlantic Quarterly*, 107, no. 1 (Durham: Duke University Press, winter 2008), pp. 1–13.
Schmitt 1922　Carl Schmitt, *Politische Theologie* (München & Leipzig: Duncker & Humblot, 1922).〔『政治神学』田中浩ほか訳（未來社、一九七一年）〕
Scholem 1963　Gershom Scholem, "Zum Verständnis der messianischen Idee im Judentum," in *Judaica*, 1 (Frankfurt am Main: Suhrkamp, 1963), pp. 7–74.〔「ユダヤ教におけるメシア的理念の理解のために」、『ユダヤ主義の本質』高尾利数訳（河出書房新社、一九七二年）五—五九頁〕
Steiner 1998　George Steiner, "Introduction," in Walter Benjamin, *The Origin of German Tragic Drama*, trans. John Osborne (London: Verso, 1998), pp. 7–24.
Thurschwell 2005　Adam Thurschwell, "Cutting the Branches for Akiba: Agamben's Critique of Derrida," in Andrew Norris, ed., *Politics, Metaphysics, and Death: Essays on Giorgio Agamben's 'Homo Sacer'* (Durham: Duke University Press, 2004), pp. 173–197.
Tiedemann 1982　Rolf Tiedemann, "Einleitung des Herausgebers," in Walter Benjamin, *Passagenwerk*, in *Gesammelte Schriften*, 5-1, ed. Rolf Tiedemann (Frankfurt am Main: Suhrkamp, 1982), pp. 11–41.〔「付論『パサージュ論』を読むために」、『パサージュ論』第五巻、今村仁司ほか訳（岩波書店、二〇〇三年）二四七—二九九頁〕
Vaughan-Williams 2007　Nick Vaughan-Williams, "The Shooting of Jean Charles de Menezes: New Border Politics ?," *Alternatives*, 32, no. 2 (Sage: London, Apr.–

June 2007), pp. 177–195.

Werblowsky 1976　Raphael Jehuda Zwi Werblowsky, “Messiah and Messianic Movements,” in *The New Encyclopædia Britannica,* 11 (Chicago: Encyclopædia Britannica), pp. 1017–1022.

Williams 1967　William Carlos Williams, *The Autobiography of William Carlos Williams* (New York: New Directions, 1967). 〔『ウイリアム・カーロス・ウィリアムズ自叙伝』アスフォデルの会訳（思潮社、二〇〇八年）〕

Williams 1995　William Carlos Williams, *Paterson,* ed. Christopher MacGowan (New York: New Directions, 1992 [1995]). 〔『パターソン』沢崎順之助訳（思潮社、一九九四年）〕

Williams nd　“William Carlos Williams,” in *Pennsound.* 〔音声ファイルを提供しているウェブサイト〕 http://writing.upenn.edu/pennsound/x/Williams-WC.php

Yeats 1997　William Butler Yeats, “Adam's Curse,” in *The Seven Woods,* in *The Collected Works,* 1, ed. Richard J. Finneran (New York: Scribner, 1989 [1997]), pp. 78–79. 〔「アダムの呪い」、『イェイツ詩集』高松雄一編訳（岩波書店、二〇〇九年）八四―八九頁〕

索引

アウシュヴィッツ　Auschwitz　221・224–231・235・237・249
アドルノ、テオドール・W　Theodor W. Adorno　225・229
アリストテレス　Aristotelēs　13・58・91–93・107・145・167・256
イェイツ、ウィリアム・バトラー　William Butler Yeats　203–205
遺棄／締め出し　abandonment/ban　125・130
意味論的　→記号論的／意味論的
イメージ　image　18・81・84–87・147–148・159–162・164・166・169–177・240
インファンティア　infancy　41・47–55・66・118
ヴァールブルク、アビ　Aby Warburg　22・148・158–163・177
ヴァレリー、ポール　Paul Valéry　205–206
ウィリアムズ、ウィリアム・カーロス　William Carlos Williams　207–211
エートス　ēthos　41・99・222–223・242・245
オイコノミア　oikonomia　259
カフカ、フランツ　Franz Kafka　22・96・186–201
カント、イマヌエル　Immanuel Kant　57–58・68・76・150
記号論的／意味論的　semiotic/semantic　54–55
犠牲　sacrifice　44・123–124・237–239
救済　redemption　73・240・242–244
句跨り　enjambement　172・203・205・207
経験　experience　18–19・30・34・40・47–54・57–58・66・76・79・103・149–150・152–153・165–167・169・181・211・213・228・234
言語　language　12・14・16・18–20・27–56・60–64・66–67・72・75–76・86・92–94・102–103・105・107・118・143–144・147・165・167–168・170・179・181–182・184・186・201–219・223–224・226・228–236・249・256–257
現勢力　actuality　91–99・169・222
考古学　archaeology　47・56–60・66・68・75・78–79・81・111–112・159・197
交流可能性　communicability　102–103・164・167・206
声　voice　27・31・34・37–41・44・51・118・143–144・181・208・211–212・219
コジェーヴ、アレクサンドル　Alexandre Kojève　69–70・89

散文　prose　19・41・172・179・203・206–208・210・212–213・218–219
詩／詩学　poetry/poetics　12・19–20・23・34・40–42・74–76・89・147・157–158・172・174・179–182・185–188・191・193・197・201–219・221・225・229–234・245
指呼詞／シフター　deixis/shifter　27・36–38
実践　praxis　12・20・40–41・44・56・67・110・114・121・140・148・153・158・169・182・186–188・219・238・257
至福な生　happy life　229・248
シフター　→指呼詞／シフター
締め出し　→遺棄／締め出し
収容所　camp　13・117・126・128–134・141・145・225・228–231・254
主権／主権的権力　sovereignty/sovereign power　110・114・116–117・119–132・136–137・139・145・196・224・231・237・255・258–259
手段／手段性　means/mediality　165–169・173・185・218
受動性　passivity　89–90・197
シュミット、カール　Carl Schmitt　119–120・122
ジョイス、ジェイムズ　James Joyce　168・212–218
証言　witnessing　221・224–236・249
商品　commodity　85・169・192・240
ショーレム、ゲルショム　Gershom Scholem　244
人権　human rights　11・127–130・133
スピノザ、バルーフ・デ　Baruch de Spinoza　229
スペクタクル　spectacle　11–12・14・103–104・113・148・154・170・176・237・240・258

生政治　biopolitics　12–13・16・109–110・113–119・126・130–131・133・136・140–141・144・148・163–164・169・232・236・253–255・257
聖なるもの　sacred　43・124・127・132・188・236–241
潜勢力　potentiality　16–17・21・47・65・67・79・91–99・107・118–119・125・131・148・169・172・222–223・235–236・242・246・249・254
装置　apparatus　12・57・81・111・133・234・241・259–260
ゾーエー／ビオス　zōē/bios　13・58・109・116–119・127・145・256
ソシュール、フェルディナン・ド　Ferdinand de Saussure　64・181・215–216

「対テロ戦争」　“War on Terror”　15・110・132–136・145
ダンテ・アリギエーリ　Dante Alighieri　179・202・206
デリダ、ジャック　Jacques Derrida　60–66・194・226–227
動物　animal　29・53・82・87–88・93・118・187・198–199・215・238
ドゥボール、ギー　Guy Debord　103–104・148・170–173・176・240・255
到来する共同体　coming community　12・15–17・23・44・47–48・66–67・98–107・144・163・242・249・255
ドゥルーズ、ジル　Gilles Deleuze　170–171
瀆聖　profanation　175・192・221・236–242・249

謎　enigma　215–217
ナンシー、ジャン゠リュック　Jean-Luc Nancy　89–90・125
何であれの存在　whatever being　45・100–101・137

難民 refugee 13・58・117・128–131・137–140・145
ニーチェ、フリードリヒ Friedrich Nietzsche 149・156・188
ネグリ、アントニオ Antonio Negri 15–17・253
残りのもの remnant 246–247・249

バートルビー Bartleby 94–98・198
ハイデガー、マルティン Martin Heidegger 16–18・22・27–33・36・38–40・57・61・66・72・110・181・201・215・225
パウロ Paulus 246–247・249
働かなくさせる deactivate 12・23・28・46–47・65・67–68・75・79・88・95・104・118・190・195・241・246–247・249
パラダイム paradigm 111・117・201・228・254・257
バンヴェニスト、エミール Émile Benveniste 36・54・159
ビオス →ゾーエー／ビオス
美学 aesthetics 12・147・149–150・152–159・165・169・176–177
非の潜勢力 impotentiality 93・236
フーコー、ミシェル Michel Foucault 22・57・110–116・122・126・148・224・234
ブッシュ、ジョージ・W George W. Bush 120・133
プラトン Platōn 61・150–151・222
ヘーゲル、G・W・F G. W. F. Hegel 32–36・39・68–71・185
ベンヤミン、ヴァルター Walter Benjamin 17・22・49・72–82・84–86・88・107・110・122・157–159・161・175・182–186・189–190・239・242–245・248

法 law 12–13・19・84・86・95–96・109・112・115–117・120–128・130・132–135・137–139・142・145・190・194–197・199・226・229–230・237・239・246–247・252・254
ホモ・サケル homo sacer 12・87・117・122–129・131–132・139・143・145・224・231–232・237・257
ポルノ pornography 147・163・174–175

マルクス、カール Karl Marx 14・69・71・81–84・192
身振り gesture 147–148・161–169
無為 inoperativity 16・47・67–68・70・86–91・93・95–96・104・107・140・144・158・166・169・190・194–195・197–198・217・219・230・238・241–242・246–247・257・260
ムーゼルマン Muselmann 231–233・237
剝き出しの生 bare life 13・58・88・110・116・119・123・125・127–131・136–137・139・143・145・231–232・237・257–258
メシア／メシアニズム messiah/messianism 43・69・80–81・98・157・190・194・221・242–249
メルヴィル、ハーマン Hermann Melville 94・96
倫理 ethics 17・27・44・49・65・67・165・169・176・193・202・221–234・236・245–246・248–249
例 example 100–101
例外状態 state of exception 13・121–122・132–134・136
歴史 history 47・51・55–60・66・69–73・78–86・91・104・148・157・159–162・171・177・223–224・243–245・248・260

シリーズ監修者の序

ロバート・イーグルストン（ロンドン大学ロイヤル・ホロウェイ校）

このシリーズは、文学研究や人文学分野に大きな影響を及ぼした主要な批評的思想家について解説するものである。〈ラウトリッジ批評的思想家〉が提供するのは、研究や学習の過程で新しい人名や新しい概念が現れたとき、真っ先にページを開いて情報を得ることができる一連の本である。

それぞれの本は、鍵となる思想家の文章に読者が直に触れるときの案内書となるべく、思想家たちの鍵概念を、説明し、コンテクストの中に置き、おそらくこれが最も重要なことだが、なぜその思想家の考え方が有意義とみなされているかを読者に解き明かす。あくまでも簡潔で明快に書かれた入門書であることをめざし、読者に特別な専門的知識を必要としない。このシリーズは、個々の人物に焦点を絞るものの、同時に、いかなる批評的思想家も真空状態に存在していたのではなく、広範な思想的・文化的・社会的歴史を背景として出現したことも強調する。最終的にシリーズ中の本はどれも、思想家のオリジナルな文章に読者が触れるときの橋渡し役となるだろう。オリジナルな文章を解説で置き換えるのではなく、思想家である彼もしくは彼女が書いたものを補完することによって。

こうした本が必要とされるには、いくつかの理由がある。文学批評家のフランク・カーモードは一九九七年に出版した自伝『資格なし』において、一九六〇年代のある時期のこんな思い出を書いていた――

美しい夏の芝生の上に、若者たちは一晩中寝そべって、日中の激しい活動の疲れを癒し、バリ島の楽士一座のかなでる民族音楽に聞き入っていた。毛布に包まったり、寝袋に入ったりして、うとうとしながら若者たちはお喋りをしたものだ。その時代の導師たる人物について……。若者たちが繰り返し語っていたことは、概ね、又聞きの類であった。このような背景があればこそ、昼食時に、私が突然思いつきの提案をすることになった。時代の指導的人物に関して、信頼が置け、わかりやすい解説を提供する短くて廉価な本が必要ではないかと。

「信頼が置け、わかりやすい解説」に対する需要は、いまもなお存在している。ただしこのシリーズが背景としているのは、一九六〇年代とは異なる世界である。新しい思想家たちが登場し、古い思想家たちは評価が毀誉褒貶相半ばした。それも新しい研究が進展するにつれて。新しい方法論や挑発的な着想が芸術や人文学の分野に広がる。文学研究は――かつてはそうであったとはいえ――ただ詩や小説や戯曲の研究と評価に没頭すればよいというわけにはいかなくなった。文学研究は、文学テクストやその解釈において立ちはだかる概念や問題点や障害をも研究対象とすることになる。またそれに呼応して、他の芸術分野や人文学分野も変容を遂げた。

このような変化とともに、新たな問題も浮上する。人文学における、こうした根本的変革の背後にある概念や問題は、しばしば、広範なコンテクストを参照することなく、ただ、読者が読むテクスト群に「付け足せる」理論として提示されたのである。もちろん、あらかじめ選別された概念を取り上げること、あるいは手元にあるものなら何でも利用すること——結局、既存のものを利用することしか私たちには出来ないと論ずる思想家もいるくらいなのだが——は、たしかに、なんら悪いことではない。しかし、個々の新しい概念は、特定の人物の思考パターンやその発展型として生まれたこと、また彼らの概念の有効範囲とコンテクストの見極めも重要だということが、往々に忘れられてしまうのである。理論を「浮遊する」ものとみなす傾向に反して、〈ラウトリッジ批評的思想家〉シリーズは、鍵となる思想家とその概念を、コンテクストのなかにしっかりと位置づけようとしている。

これだけではない。本シリーズは、思想家自身のテクストや概念に立ち戻り、それらに直に触れたいという読者の欲求を満たそうとしている。概念に関するどのような解釈も、たとえどれほど無垢な解釈にみえようとも、暗黙のうちに、あるいは明示的に、それ独自の「ひねり」を加えている。思想家について書かれた本だけを読んで、思想家によって書かれたテクストを読まずに終わることは、読者が自分自身で判断するチャンスを捨てるようなものである。重要な思想家の著作をとっつきにくくしているのは、その文体とか内容とかのせいではなく、どこから始めてよいのかわからないという困惑によることもある。このシリーズの目的は、思想家の概念や著作についてわかりやすく解説し、その思想家自身のテクストを出発点として、さらなる読書への手ほどきをすることで、読者に「入り口」を提示することにある。哲学者ルートヴィヒ・ウィトゲンシュタイン（一八八九—一九五一）から比喩を借りて表現すれば、このシリーズは、次の段階へ昇り詰めたら、はずしてよい梯子のようなものである。したがって、シリーズ中の本はそれぞれ、新しい概念に触れることができるよう、読者に手ほどきをするだけでなく、読者を理論家自身のテクストへと誘い、そこで得た情報をもとに自分なりの意見をまとめるよう促すことで、読者を啓発するのである。

最後に、本シリーズは、知的欲求が変化したからだけでなく、世界の教育システム——入門的教科書が通常読まれるコンテクスト——が根本的に変化したために必要でもあることを付け加えたい。一九六〇年代における少数エリートのための大学教育にふさわしかったことは、二十一世紀の大規模かつ広範囲に及ぶ多様化したハイテク教育システムには、そぐわなくなった。こうした変化は、新しい時代に即した入門書のみならず、新しい解説法をも求めている。〈ラウトリッジ批評的思想家〉シリーズにおいて考案された解説法は、今日の学生を念頭に置いている。

シリーズの各書は、ほぼ同じ構成となっている。はじめに、それぞれの思想家の生涯と思想について概観するセクションがあり、そこではなぜ彼もしくは彼女である思想家が重要なのかが説明される。中心となるセクションでは、思想家の鍵概念やそのコンテクスト、さらにはその進化や受容のされ方が論じられる。最後に、思想家の影響力が概観され、彼らの概念が、あとに続く者たちによって、どのように取り上げられ発展させられたかが略述される。これに加えて、さらなる読書のために、どのような本を読めばよいかを提案し記述する詳細なセクションが巻末に設けられる。これは、たんなる「付録」的セクションではなく、各巻で、欠くことのできないセクションを形成する。まず思想家の主要な著作について簡潔に記述し、最も有益な批評的著述や、関連性があれば、インターネット上のホームページに関する情報を提供して終わる。このセクションによって読者は、読書案内を受けるだけでなく、自分の関心事を追及し、研究計画を発展させることができる。各巻を通して、文献情報は、いわゆるハーヴァード方式に準拠している（引用される著作の作者と発行年が本文中に示されるだけで、詳しい情報は巻末の引用文献表で調べることができる）。これによって、限られたスペースに多くの情報を盛り込むことができる。各巻はまた専門用語について解説をするが、さらに詳しく事件や概念を記述しようとするときには、囲み記事にして、議論の流れから切り離すことにしている。囲み記事はまた、思想家がよく使ったり、新たに考案した用語についての定義に光をあてるためにも使われる。このように囲み記事は用語解説としても使え、ページをぱらぱらとめくったときにもすぐ目に付くよう工夫されている。

このシリーズの思想家たちは、三つの理由から「批評的」である。第一点。彼らは、批評を含むさまざまな分野に照らして検証される。その分野は主に文学研究あるいは英文学研究や文化研究だが、さらに文献や思想や理論や不問の前提などに関する批評を基盤とする学問分野をも含む。第二点。彼らは批評的である。なぜなら彼らの仕事を研究することによって読者は自分なりの批評的読解と思考を展開できる「道具一式」を手に入れることができ、読者は批評的になるからである。第三点。こうした思想家たちは、決定的に重要であるために、必須《クリティカル》であるからだ。彼らの考え方は、伝統的な世界観やテクスト観を、またこれまで当然と思われてきたすべてのものを覆し、周知のものごとをより深く理解し、また新たな考え方を身につけるのを可能にしてくれたのである。

いかなる解説書も読者にすべてを語ることはできない。しかしながら、批評的思考へと読者を誘うことで、このシリーズが望むのは、読者が、生産的で建設的で潜在的に人生を変える活動に赴くことなのである。

訳者あとがき　喧騒の直前に

本書は以下の日本語訳である。Alex Murray, *Giorgio Agamben* (London: Routledge, 2010). 現代イタリアの哲学者ジョルジョ・アガンベンの思想全般への導入となる、標準的な入門書である。

アガンベンの著作はすでに大半が日本語にも翻訳されている。彼の書くものは、他のいわゆる現代思想の書き手によるものに比べれば、概してわかりやすい。作者の立場はつねに明確にされ、議論には具体的な実例が引かれる。構文も明快である。それらの著作の翻訳にたずさわってきた者としては、正直なところ、彼の著作をじかに読めば話は済んでしまうのだから入門書など必要ないだろうと思わないでもない。

とはいえ、すべての読者が彼の思想の核心に労せず到達できるとはかぎらない。じじつ、「アガンベンは難しい」という声はたびたび耳にする。もちろん、どれほど説明されてもそもそも何が問題なのかわからないというばあいには、この種の補助も役には立たない。だが、入門書によってある程度まで引き下げることのできる理解のハードルもなくはないだろう。

アガンベンのばあい、そのような可変のハードルとして考えられるものは少なくとも二つある。

第一のハードルは、四十年以上におよぶ彼の研究から多数の著作がすでに生み出されているということである。すべての著作――二〇一四年九月の時点で、日本語版の単行本だけでも十八点におよぶ――に目を通し、アガンベン思想の全体をまとまった一つのヴィジョンのもとに捉えたり、さらにその変遷をイメージしたりするというのは、いわゆる現代思想の研究者でもないかぎりは相当に困難なことだろう。

第二のハードルは、アガンベン思想がその現代思想なるものの諸特徴を帯び、多くの領域を参照するものとなっているということである。彼は近現代西洋思想でたびたび扱われてきたテーマや用語を――それを批判するためにであれ――詳細な説明を省いて参照するということが少なくない。それらのテーマや用語の典拠は多くの領域におよぶため、門外漢の読者には彼の思想が近寄りがたいものに見えても不思議ではない。また、それらの雑多な参照対象がアガンベン思想においてつまるところどのように有機的に連関しあっているかも、個々の著作を一読するだけで明瞭に捉えられるとはかぎらない。

しかし、綿密な計画と配慮をもって書かれれば、入門書がこの二つのハードルをある程度まで引き下げる役に立つこともあるだろう。本書は幸いにして条件を充たしているように思われる。

本書では、各章――言語、インファンティア、潜勢力といったテーマをめぐってそれぞれに書かれている――が個々の重要著作の紹介の場としても用いられている。通読することで、アガンベンの長い経歴に対する概観もあわせて得られるようになっている。第一章では『言語と死』、第二章では『インファンティアと歴史』、第三章では『到来する共同体』、第四章では『ホモ・サケル』と『例外状態』、第五章では『内容のない人間』、第六章では『スタンツェ』、第七章では『アウシュヴィッツの残りのもの』と『瀆聖』がそれぞれ中心に置かれ、その他の論考もふまえながら著作紹介がなされている。ただし、当然のことながら本書全体の議論の展開のほうが優先されているため、これらの著作はアガンベンの執筆順には並んでいない。とはいえ、重要著作の多くが取りあげられているため、読者は自分なりに頭のなかで著作を執筆順に並べ換えてやることで、アガンベン思想の変遷をある程度つかむことができるだろう。

また、近現代西洋思想（とくに、いわゆる現代思想）に固有の諸文脈に対しても、本書では適度な註釈がそのつど加えられている。弁証法、基礎的存在論、認識論、脱構築、主権論、共同体論、生政治研究、近代美学、図像学《イコノロジー》、一般言語学、ロマン主義批評、メシアニズムといった個々のトピックについて、必要充分な説明を読むことができる。さらに、当然のことだがアガンベンによる各領域における問題設定も明示されている。それだけでなく、本書ではアガンベンによる全議論の軸となる特定の領域が指示され、その領域こそがアガンベン思想全体を駆動させていると主張されている。言語論がその領域である。また、アガンベン思想全体の向かうヴィジョンはつねに同一だという主張もなされている。そのヴィジョンは独特な共同体の希求によって示されるという。つまり本書によれば、言語論を出発点として特異な共同体論を描き出すというのがアガンベン思想の根幹であり、その他の領域はいかに重要であろうと、つねにこの根幹との関わりにおいてその意味を捉えられるべきなのである。

次いで、本書の面白いところと、（作者のせいではないが）ふまえておくべき欠陥について簡単に触れておく。

本書のおそらく最大の特色は、本書の作者がもともと十九―二十世紀文学の研究者だというところに由来している。この種の入門書は通例、「ホモ・サケル」シリーズというアガンベンの代表作のねらいと意味を同定するということを中心的任務とする。たしかに、本書でも同シリーズの代表作は充分に検討されている。だが先述のとおり、本書ではアガンベン思想の根幹は言語論だと主張されており、そこが議論の出発点になっている。さらに目を惹くのは、「ホモ・サケル」シリーズが集中的に論じられている第四章と第七章（政治と倫理がそれぞれ扱われている章）に挟まれる形で、第五章でイメージ論、第六章で文学論が検討されているということである。これらは日本語でも、著作の訳出が進んでいるにしては取りあげられることの少ない分野である。この二章は、これまでになかったしかたでアガンベン思想の読解に伴走してくれるものとなるだろう。筆が乗って作者の本領が顔を覗かせた、ジェイムズ・ジョイスやウィリアム・カーロス・ウィリアムズの分析は微笑ましい。

さて、本書の欠点のほうは、いまもなお旺盛に研究を続けている思想家について入門書を刊行するという無理な注文自体に由来している。原書の刊行は二〇一〇年である。文献参照はすべて英語訳からなされている。本書の作者は『王国と栄光』、『ニンファ』、『事物の印徴』、『言語の秘蹟』、『裸性』を英語で参照できなかった（イタリア語では読んでいたかもしれないが、英語の入門書では原書を参照することが不親切と見なされているとおぼしく、本書に言及はない）。また、『言いえない娘』、『教会と王国』、『いと高き貧しさ』、『神の業《オプス・デイ》』、『悪の神秘』、『ピラトとイエス』、『命令とは何か』、『火と物語』、『身体の使用』に至っては、そもそも原書が刊行されていなかった。したがって、この六、七年におけるアガンベンによる議論の展開が本書で充分に検討されているとは言えない。

また、この数年のアガンベン研究の成果も反映されていない。本書が刊行されたころは、英語での論文集やモノグラフの数はせいぜいが片手に余る程度だった。それがいまでは三十点に迫る勢いである。入門や総説にとどまらず、教育論、人権政策、コロニアリズム、文学、神学、映画といった個別テーマをアガンベンと関わらせた大部一巻の研究書や論文集が続々と刊行されている。個々に発表される雑誌論文は、数えあげているうちに新たなものがどこかで発表されるような状況である。本書の作者自身がこのブームに積極的に関わっている以上——彼がジェシカ・ワイトと編纂した『アガンベン事典』(二〇一一年)はそのような動きを象徴し、あるいは牽引するものとなっている——、入門書の内容を充実させるのに役に立ったはずの諸論考に目を通すことができなかったのは彼にとっても不本意だったかもしれない。

しかし、これらも本書にとって原理的な瑕疵とはならない。幸いなことにアガンベンの思想の根幹はいまもまったく揺らいでいないため、彼のこの数年の著作が本書で参照されていないとしても、読者は依然として本書の主張をアガンベン思想を理解する基礎として用いることができる。最近の新たな著作に向かうにあたっても、とくに出発点を変更する必要はない。本書の軸となっている議論を念頭に置いて読み進めれば、読者はちょうど本書に自分で新たな章を追加するかのような理解の経験に到達するかもしれない。

研究書が量産されるより前に執筆されたことも、この入門書にとってはむしろよいことだったかもしれない。いささか過剰な刊行ラッシュはアカデミズムにおける「アガンベン産業」とでも呼ぶべきものの成立を証しているが、正直なところ、アガンベンの著作が読まれることを望むべき私でさえこの騒々しい状況には複雑な感情を抱いている。そこではたしかにアガンベンが読まれている。だが、本当に読まれていると言えるのか？　本書の作者自身が最近のブーム牽引に一役買っているだけに事情は込み入っているが、この浮かれた喧騒の始まる直前に、わずかなざわめきのなかで本書が書かれたことは、簡潔な見通しのもとで議論がのびのびと展開される役に立ったかもしれない。いまであれば、何かを書くことも、何かを書かないことも、はるかに多くの意味を帯びてしまっただろう。

最後に、翻訳について一言だけ記しておく。

今回の翻訳作業(「シリーズ監修者の序」以外はすべて私が翻訳している)にあたっては、本書が入門書だということを第一に考え、ともかく日本語として違和感なく読めるようにすることを最優先した。誤訳がないことを祈るが、意を通すために細かな表現を追加したり、文の構造に手を入れたりしていることはご理解いただければ幸いである。ただしもちろん、原著者の些細な誤認（日付など）を除き、内容を追加・歪曲するようなことはしていない。なお、文献指示など細かなことについては凡例を参照されたい。

二〇一四年九月

高桑和巳

*

著者について

アレックス・マリー（Alex Murray）

エクセター大学人文学部上級講師。

アガンベンに関しては以下の３点の編纂に加わっている。Justin Clemens, Nicholas Heron & Murray, ed., *The Work of Giorgio Agamben: Law, Literature, Life* (Edinburgh: Edinburgh University Press, 2008) ; *Law and Critique,* 20, no. 3 (Murray & Thanos Zartaloudis, ed., "Giorgio Agamben: Law and Thought") (Dordrecht: Springer, November 2009) ; Murray & Jessica Whyte, ed., *The Agamben Dictionary* (Edinburgh: Edinburgh University Press, 2011). その他、以下の著作がある。*Recalling London* (London: Continuum, 2007). 以下の編著もある。Philip Tew & Murray, ed., *The Modernism Handbook* (London: Continuum, 2009) ; Arne de Boever, Murray, Jon Roffe & Ashley Woodward, ed., *Gilbert Simondon* (Edinburgh: Edinburgh University Press, 2012) ; Jason David Hall & Murray, ed., *Decadent Poetics* (Basingstoke: Palgrave Macmillan, 2013). なお、『パレーシア』誌（*Parrhesia* [Melbourne: Melbourne School of Continental Philosophy, 2006–]）の創設以来の編集委員でもある。

訳者について

高桑和巳（たかくわ・かずみ）

慶應義塾大学理工学部准教授。

アガンベンの翻訳に以下がある。『人権の彼方に』（以文社、2000年）、『ホモ・サケル』（以文社、2003年）、『バートルビー』（月曜社、2005年）、『思考の潜勢力』（月曜社、2009年）、『王国と栄光』（青土社、2010年）、『ニンファ　その他のイメージ論』（慶應義塾大学出版会、近刊）。その他の翻訳に、カトリーヌ・マラブー編『デリダと肯定の思考』（共監訳、未來社、2001年）、ミシェル・フーコー『安全・領土・人口』（筑摩書房、2007年）、イヴ－アラン・ボワ＆ロザリンド・クラウス『アンフォルム』（共訳、月曜社、2011年）がある。編著に『フーコーの後で』（共編著、慶應義塾大学出版会、2007年）がある。

シリーズ　現代思想ガイドブック
ジョルジョ・アガンベン

2014 年 11 月 6 日　第 1 刷印刷
2014 年 11 月 20 日　第 1 刷発行

著者——アレックス・マリー
訳者——高桑和巳

発行者——清水一人
発行所——青土社
東京都千代田区神田神保町 1-29　市瀬ビル　郵便番号 101-0051
電話 03-3291-9831（編集）　3294-7829（営業）
www.seidosha.co.jp
本文印刷所——株式会社ディグ
扉・表紙・カバー印刷所——方英社
製本所——小泉製本

装丁——松田行正

ISBN978-4-7917-6829-5